理想の自分をつくる

セルフトーク マネジメント 入門

鈴木義幸

(株)コーチ・エィ代表取締役社長
エグゼクティブコーチ

Discover

本書は二〇〇八年に日本実業出版社より刊行された『セルフトーク・マネジメントのすすめ』を改訂し、新章を加え新版として出版したものです。

はじめに

二〇〇八年に旧版の『セルフトーク・マネジメントのすすめ』を上梓しました。
どんな時でも自分が持てる力を存分に発揮したい。
そんな誰しもがもっている願いの役に立ちたい。
そう思ったことが執筆の動機でした。

ここぞというプレゼンで緊張し、思ったように言葉が出てこない。
上司との面談で、言いたいことが思うように口をつかない。
大事なパーパットが入らない（笑）。

持てる力と言いましたが、力をもっていなければ、蓄えればいいし、鍛えればいい。
しかし、力はもっている（はずな）のに、それが十分に発揮できない。
そんな悔しいことはありません。

私自身も、何度もそんな体験をしました。

昔々、小学校五年生の時、児童会副会長に立候補しました。

友達に推薦され、軽い気持ちで臨んだ立候補演説。

とても、うまく話ができて、副会長に当選しました。


その一か月後、運動会がありました。

運動会の冒頭、副会長が運動会に臨む気持ちをみんなの前で伝えるという場面がありました。

壇上に上がる直前、ある先生から肩をたたかれました。

「この前の立候補演説、とってもよかったな。今日も期待してるぞ」

声をかけられる前までは、特に緊張することもなく、普段通りだったのです。

ですが、その声かけで、急に鼓動が速くなったのを、昨日のことのように覚えています。

「前のようにしゃべらないといけない。どう話せばよかったんだっけ？　できるかな？」
そんな言葉を内側で発したのかもしれません。
結果、話はつっかえ、つっかえになり、まったくうまく話せませんでした。
同じ先生から、「今日はあんまりうまく話せなかったな」と言われました。
その時の先生の残念そうな表情は、四〇年以上たった今でも忘れることができません。

あなたにも、そんな体験はないでしょうか？
持てる力を存分に発揮できなかった体験。

本書では、持てる力を十分に活かしきれない原因として、**自分の内側における自分自身との対話**（**セルフトーク**）に着目しました。
人は、意識するしないにかかわらず、終始、自分自身との対話を内側で繰り広げています。

自分に言葉を投げかけ、問いかけ、そこに答えをつくり出そうとする。言ってみれば、**「コーチ」**と**「クライアント（コーチを受ける人）」**の一人二役を自分でやっているようなものです。

コーチである自分の問いかけがよければ、よい答えがそこには生まれるでしょうし、問いかけが悪ければ、あまりパフォーマンスを向上させることに結びつかない言葉やイメージが生じるものです。

上司との面談の前、「どうすれば自分の思っていることを正確に理解してもらえるだろうか？」と自分に問うのと、「上司は何を一番聞きたいと思っているだろうか？」と問うのでは、どちらのほうが、自身の持てる力を存分に発揮することにつながるでしょうか？

方程式のように唯一絶対の正解があるわけではありませんが、**どのような問いを自分に投じることが、どのように自分のパフォーマンスに変化を与えることになるかを探索してみるのは、なかなか面白い実験です。**

思う存分自分の持てる力を発揮したいというのは、いつの時代にも人の心理にあります。

ただ、今は、変化のスピードがますます速くなり、さまざまな場面で競争が加速し、競争に打ち勝つためのスピーディーな共創が求められる時代です。

であるからこそ、四打数四安打で行きたいと思うのが人の心情ではないでしょうか。

打てるはずなのに、打てない。

なぜ打てないんだ。

そんな人のいらつきを、コーチングという仕事を通して、以前以上に昨今感じ、改めて、本書を新版という形で、多くの人に届けたいと思いました。

新版では、自分自身との対話の向上に加えて、他人の中のその人自身との対話を、いかによりよいものに変え、他人に持てる力を存分に発揮してもらえるかについて、新章を加え言及しています。

コーチングは、相手のパフォーマンスを高めるために行うものですが、相手がパフォーマンスを上げるには、相手の「内側の自分」との対話が変わる必要があります。そこにコーチとして、どうアプローチできるのか。

私自身が、二〇年以上取り組んできたことを、紐解いてみたいと思います。

本書が、あなた自身が持てる力を思う存分発揮するためのお手伝いとなれば、そしてあなたの周りの人が、あなたの力によって、持てる力をいかんなく発揮できる一助となれば、コーチとしてこんなに嬉しいことはありません。

CONTENTS

PART 3

セルフトークを「変える」
——ネガティブな感情から脱する方法

PART 4

セルフトークを「使う」
——行動を強化・修正する方法

PART 5

セルフトークを「減らす」
——集中力を高める方法

PART 6

セルフトークを「なくす」
――最高の実力を発揮する方法

PART 7

相手のセルフトーク・マネジメントをコーチする

プロローグ

二つの面接

自宅のベッドで眠っていた佐藤大介《さとうだいすけ》は、真夜中に突然目を覚ました。友人の内定祝いで飲み過ぎてしまったせいもあるが、またあの夢を見てしまったからだ。

大学四年生の大介は、半年間、広告業界を志望して熱心な就職活動を続けてきた。書籍やインターネットで業界の動向を研究し、授業の合間にOB訪問を重ね、自己PRの練習も欠かさなかった。

その結果、第一志望としていた大手広告会社の最終面接にたどり着いたのが三か月前のこと。広告会社では、新卒採用に関して若手社員の意見が重視されるので、その会社に入社していた大学OBの二人に強く推薦してもらえたのが大きかったのだろう。

「佐藤君となら一緒に仕事がしたい」「佐藤なら絶対に大丈夫だ」——二人からそ

んな言葉をもらえたときの心の昂《たかぶ》りは、今でもよく覚えている。

しかし、事前の期待に反して、その最終面接は何度も夢に出てくる忘れられない記憶となってしまった。

控え室から呼ばれてドアを開けると、三人の重役が足を広げて座っているのが見えた。

この時、「偉そうだなぁ」と感じたことを覚えている。イスに座ると同時に、「なんでウチなの？」と、ぶっきらぼうに言われたことも覚えている。そう自分に聞いた、鋭い目をした人の顔も覚えている。そして目の前が真っ白になっていった瞬間も。

その後の面接の記憶はほとんどない。**「せっかく二人が期待してくれたのに」「この面接官、絶対に俺のこと嫌いだよ」**……自分の中にぐるぐると渦巻いていた言葉の記憶が、とぎれとぎれにあるだけだ。

「本当になんでなんだろう……」

あの面接を思い出すたびに、大介は失敗した理由を考え、悔しさで胸が苦しくなる。

広告会社を目指すくらいだから、人と話すのは苦手ではないと思っている。現に、四月からの入社が決まっている外資系広告会社の面接では、四人の重役からの畳みかけるような質問に驚くほどうまく答えることができた。面接が終わると同時に内定を確信したほどだ。

大介はラグビーのサークルに入り、熱心に活動していたが、成功した面接で感じたのは、ラグビーの試合でたまに経験する、時間の流れがゆっくり、はっきりとなるような感覚とそっくりだった。自分に向かってくる相手の動きを事前に読むように、面接官の意図をくむことができた。走るべきコースを身体が勝手に選ぶように、言葉が自然と出てきた。


なぜあの面接は失敗してしまったのか？　逆に、なぜあの時はうまくいったのか？　考えだすと、あの面接だけでなく自分を見失って失敗をしたときの記憶が次々と浮かんできて、うめき声を出したくなる。

「こんなことでやっていけるのかな……」

プレゼンや交渉が毎日のようにある広告の仕事を思うと、ますます不安が大きくなる。しかし、どうすれば自分を失わないようになれるのか、大介には見当もつかなかった。

「とりあえず寝ないと……明日は内定者研修だ……」

プロのコーチの講演があるという研修のことを考えながら、大介はゆっくりと目を閉じた。

PART

1

SELF TALK
MANAGEMENT

セルフトークとは何か

感情や行動の引き金となる「特別なひとり言」

セルフトークという言葉を聞いたことがある方は、どれくらいいるでしょうか？ 私が専門とするコーチングの世界でも、それほどスポットライトが当たってきた言葉ではありませんので、「セルフトーク……ひとり言？」というような反応が普通ではないかと思います。

セルフトークがひとり言であるという理解は、決して間違ったものではありません。**しかし、セルフトークは人間の感情や行動を左右する「特別なひとり言」です。**

たとえばある時、大手企業の事業部長のコーチングをしていました。たいへん仕事のできる人ですが、本人いわく、時折、「大爆発」を起こしてしまいます。

どんな時に「大爆発」を起こすのかと聞くと、「部下が約束した期限を守らないとき」だと。期限を守らないのに加えて言い訳などをしようものなら、フロア全体に「バカヤロー！」が大音量で響き渡るそうです。

事業部長は、困った顔をしながら言いました。

「これはもう脊髄反射です。自分では止めようがありません」

事業部長に聞いてみました。

「そうは言っても、その状態に入るのは他でもない事業部長自身ですよね。だとすると、どうやって脊髄反射が起こる状態に自分を追い込むのですか？　プロ野球の中継とかで〝スーパースロービデオ〟って使いますよね。あんな感じで、事業部長の内側で起こっていることを外から見るように振り返るとどうですか？」

事業部長は、最初は合点がいかないという風でしたが、スーパースロービデオを一緒に見るように振り返っていくと、二度三度「ああ、そうそう。そうなっちゃうんですよ」と声を漏らしました。

どうも、期限を守らなかった部下を前にすると、以下のようなことが順番に起こるようです。

①まず、**「許せない」**というささやきが自分の中で生まれる。

②そうすると、視野が急に狭くなり、目の前の部下がクローズアップされ、他の誰も見えなくなる。

③胸の辺りが圧迫され、息が詰まる。

④大爆発！

納得のいくフローです。

自分の内側のセリフが感情・行動のスイッチになる

事業部長に話しました。

「どうも『許せない』という内側のセリフが、大爆発を起こすためのスイッチになっているみたいですね。そのスイッチが入ると、次から次へと発火が起こって、最終的に大爆発となる。だとすると、そのスイッチが入らないようにすればいいですよね。

ちなみに、誰か事業部長と関係のある人が約束を破っても、大爆発が起きないケースってあります？」

しばらく考えた末、事業部長が言いました。

「そういえば、小学三年生になる息子が約束を破ったときはスイッチが入らないですね」

「どうなるんですか？」

「まず最初に、**『何があったんだろう？』**って思います。そのあと、息子が部屋や教室にいるときの様子がなんとなく浮かぶ。背景を想像するんでしょうね。で、わりと落ち着いた口調で、『どうしたの？』って聞くことになります」

「であれば、一つ提案なんですが、次に部下が『期限を守れませんでした』と言ってきたとき、**『許せない』と内側でささやくのではなくて、意識して『何があったんだろう？』って言ってみるのはどうでしょう？**　大爆発ではなく、相手の背景を知ろうとするスイッチがオンになるでしょうから」

さて、二週間後、事業部長が報告してくれました。

「なんとこの二週間、大爆発ゼロです。不思議ですね。『何があったんだろう？』って言ってみると、なんか相手が育てなければいけない子供のように見えてきます。そうすると、『バカヤロー！』ではなくて『どうしたんだ？』っていうセリフが出てきます……」

もうおわかりかもしれません。

事業部長の中で大爆発のスイッチとなっていた「許せない」というセリフがセルフトークです。

また逆に、怒りではなく上司としての気遣いをもたらした、「何があったんだろう？」もセルフトークです。

つまり、セルフトークとは、感情や、思考、行動の引き金として、自分の中に生まれる「言葉」ということになります。

セルフトークが感情と行動を支配する

セルフトークによって感情や行動を左右されるのは、先ほどの事業部長だけではありません。**人が喜ぶとき・怒るとき・悲しむときなどの前には、引き金となるセルフトークが存在しています。**

また、はっきりとした感情や行動に結びつかない、ただ生まれるだけのセルフトークも多く存在します。

散歩をしているときも、デスクワークをしているときも、食事をしているときも、心の中では常にセルフトークが流れています。リラックスし、自分で簡単に把握できるだけのセルフトークしかないこともあります。刺激が多い環境にいて、大量のセルフトークが、まるで流星群のように非常に速いスピードで流れ、努力して意識しなければ一つひとつを捉えられないこともあります。

セルフトークによってパフォーマンスが影響される

しかし、そのような「形にならない」セルフトークも、少しずつ人の心と身体に影響を与えています。

プロ野球の選手には、高く評価されて他球団に移籍したにもかかわらず、移籍後、極端なスランプに陥《おちい》ってしまう選手が数多くいます。

もちろん、年齢的な理由や環境の変化もあるでしょうが、移籍によってネガティブなセルフトークが多く生まれたことも原因かもしれません。その傾向は、特に人気球団への移籍の場合に顕著です。

甲子園球場や東京ドームで、何万人ものファンに囲まれ、

「打たなくては……」

「ここでもし三振したら……」

というようなセルフトークが出てしまっては、パフォーマンスが落ちるのも無理はありません。

メンタルなスポーツの代表とされるゴルフでも同じです。ティーショットを打つ前に「絶対にパーをとる」と決めた瞬間、もうセルフトークが発生してしまいます。

ゴルフは、コンマ何秒間のインパクトの瞬間にすべてが決定されます。クラブが当たる角度がわずかに狂うだけで、ボールはまったく違う方向へ飛んでいってしまいます。経験者の方にはわかると思いますが、よいショットが打てたときというのは、少なくともインパクトの瞬間は何も考えていないものです。

「二〇〇ヤードは飛ばさないと……」

「ここでＯＢになったら……」

というセルフトークに捉えられたら、失敗する確率は格段に上がります。

ところが、初心者は失敗して当たり前ですから、ネガティブなセルフトークは案外生まれません。成功体験もありませんから、自分の中に比較対象がありません。失敗して当たり前、飛ばなくて当然と、未熟ながらも自然なスイングができることが多いものです。

しかし、ひとたび成功し、比較対象ができると、

「次もうまくやってやろう」

「前はこうじゃなかった……」

と、次々とセルフトークが生まれてきます。

そして失敗すると、「こんなはずでは……」というセルフトークが生まれ、スイングはどんどん堅くなっていく。これがビギナーズラックの正体です。

セルフトークはなぜ生まれるか

感情を乱し、身体に影響を及ぼすセルフトークは、なぜ生まれてしまうのでしょうか？　その理由は、**「アイデンティティを守るため」**ではないかと考えています。

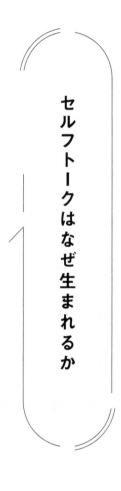

誰にでも「自分はこうであるべきだ」とか「他人からこのように見られたい」というアイデンティティがあります（アイデンティティという言葉を厳密に定義することはむずかしいのですが、ここでは〝自分にとって非常に重要なセルフイメージ〟に近い意味で使います）。

集団でなければ生きられない、社会的な生物である人間にとって、アイデンティティは必然的に、本能的にもってしまうものです。肉体的な感覚と同様に、生き残るためにもっているものですから、「実際にここにいる私」と「自分がもっているアイデンティティ」がイコールであるときは、食欲が満たされ、サイズの合った服を着ているときと同じように、快適な思いで過ごすことができます。

しかし、「実際にここにいる私」と「アイデンティティ」にギャップが生じたとき、人の心には無視できない不快感が生じます。

だからこそ、行動する前には「失敗はしたくない」とセルフトークが流れ、失敗したときには、「どうしたらいいんだ?」「なんで自分が……」というセルフトークが生まれるわけです。生存に対するアラームとして、セルフトークが鳴っているということもできるでしょう。

人のアイデンティティは揺らぎやすい

そして、人のアイデンティティは、実は些細な刺激にも敏感に反応します。

先日もエグゼクティブコーチングの場で、

「気になることはありますか?」という質問に対して

「今朝、娘が出かけるときに挨拶してくれなかったんです。それが仕事中もずっと気になってました」

と答えた方がいました。

この場合、彼の中には「ちゃんと娘とコミュニケーションを取れる父親だ（あるいは、娘にコミュニケーションを取ってもらえる父親）」というアイデンティティがありました。

だから会社に来てからも、

「気づかないうちに何か悪いこと言っちゃったかな」

「このままでいいのかな」

と気にし続けていたわけです。

もし彼が「家族のことは妻に任せて仕事だけに打ち込む経営者」というアイデンティティをもっている人だったら、娘さんのことはそれほど気にならないでしょう。

移籍直後のプロ野球の選手の場合も同様です。

彼らはたいてい、「自分はヒットを打てる、チャンスに強い優れた選手だ」というようなアイデンティティをもっているわけです。そのアイデンティティが何かのきっかけで揺らいでしまうと、元の強さを取り戻そうとして、多くのセルフトークが生まれる。**結果、そのセルフトークが雑念となってパフォーマンスが下がり、もっとアイデンティティが危うくなる。**そしてさらにセルフトークが生まれてしまう……というわけです。

理想と現実のギャップによりアイデンティティは刺激を受ける

自分のアイデンティティを守りたいという思いは非常に強力です。

日本では、昨今、毎年多くの中小企業の経営者が自殺しているといわれています。その理由の大半は、「借金が返せなくなった。自分が死ねば保険がおりる」といった類のものです。「自分は借金を踏み倒さない、自己破産して迷惑をかけない責任感のある人間なんだ」というアイデンティティを守るために死を選ぶわけです。

生きるためにもちながら、人が命を捨ててでも守りたいと思うもの、それがアイデンティティです。

ちなみに、コンプレックス（劣等感）が強い人には、セルフトークが非常に生まれやすくなります。なぜなら、コンプレックスは自分の理想像をそのままアイデンティティティとしているから生まれるものなので、理想と異なる現実に、常にアイデンティティが刺激されていることになるからです。

また、思春期はセルフトークが非常に多くなる時期です。

思春期は、社会的な人間としても、純粋な男性・女性としても、アイデンティティと現実の自分との差を明確に意識してしまう時期です。しかも成長期であるがゆえに、アイデンティティも現実の自分も両方が不安定で、アイデンティティは絶え間なく刺激を受けてしまいます。

だからこそ多くの人が、思春期になると日記を書き始めたり、友人との絶え間ないおしゃべりに興じたりするようになり、セルフトークを形にして吐き出すわけです。

そして、そのようにしてセルフトークを処理できない子供たちが、思春期特有のトラブルを引き起こすと考えることもできるでしょう。

自分の価値観・世界観が刺激されるとセルフトークが生まれる

セルフトークが生まれるのは、アイデンティティが揺らぐときだけではありません。**他人に自分の価値観が刺激されたときにもセルフトークが発生します。**

「時間は絶対に守るべきだ」という人が、グループの待ち合わせ時間に大幅に遅刻してきた仲間を見たとき、「目上の人間は敬うべきだ」という人が、会社の上司になれなれしい態度をとっている部下を見たとき、その人たちの心には自動的にセルフトークが発生しえます。

また、**自分の世界観が揺らいだ場合もセルフトークが発生します。**たとえば、「基本的に人は皆信用できる」という世界観の人が誰かの裏切りを目の当たりにしたとします。「許せない」となるか、「どんな事情があったんだろう？」となるかは人それぞれですが、セルフトークが発生する可能性が高くなります。

アイデンティティ、価値観、世界観――セルフトークを生み出すこれらのものは、**「ビリーフ（belief）」**と呼ばれています。（価値観も世界観も、〝自分が生きるために築き上げた考え方〟であり、広義でのアイデンティティということもできます。その意味では、ビリーフ＝アイデンティティと理解していただいてもかまいません）。

また、ビリーフに影響を与えるあらゆる出来事・環境を、ここでは**「刺激（stimulus）」**

と呼ぶことにします。そのうえでセルフトークが感情と行動に影響を与えるプロセスを図にまとめると、次のページのようになります。

①まず、人にはあらゆることに対する判断基準であるビリーフがある
②ビリーフが他人や環境から刺激を受けると、セルフトークが発生する
③セルフトークが感情を決定する
④その感情によって行動が決定する

というわけです。

このプロセスの正しさを科学的に証明することはできないかもしれません。

しかし、コーチングでは、このように人間の行動を捉えることでクライアントの成果を上げることが可能になります。そして、この仮説をとることで、自分自身をコントロールすることもできるようになると思われます。

セルフトークとは何か

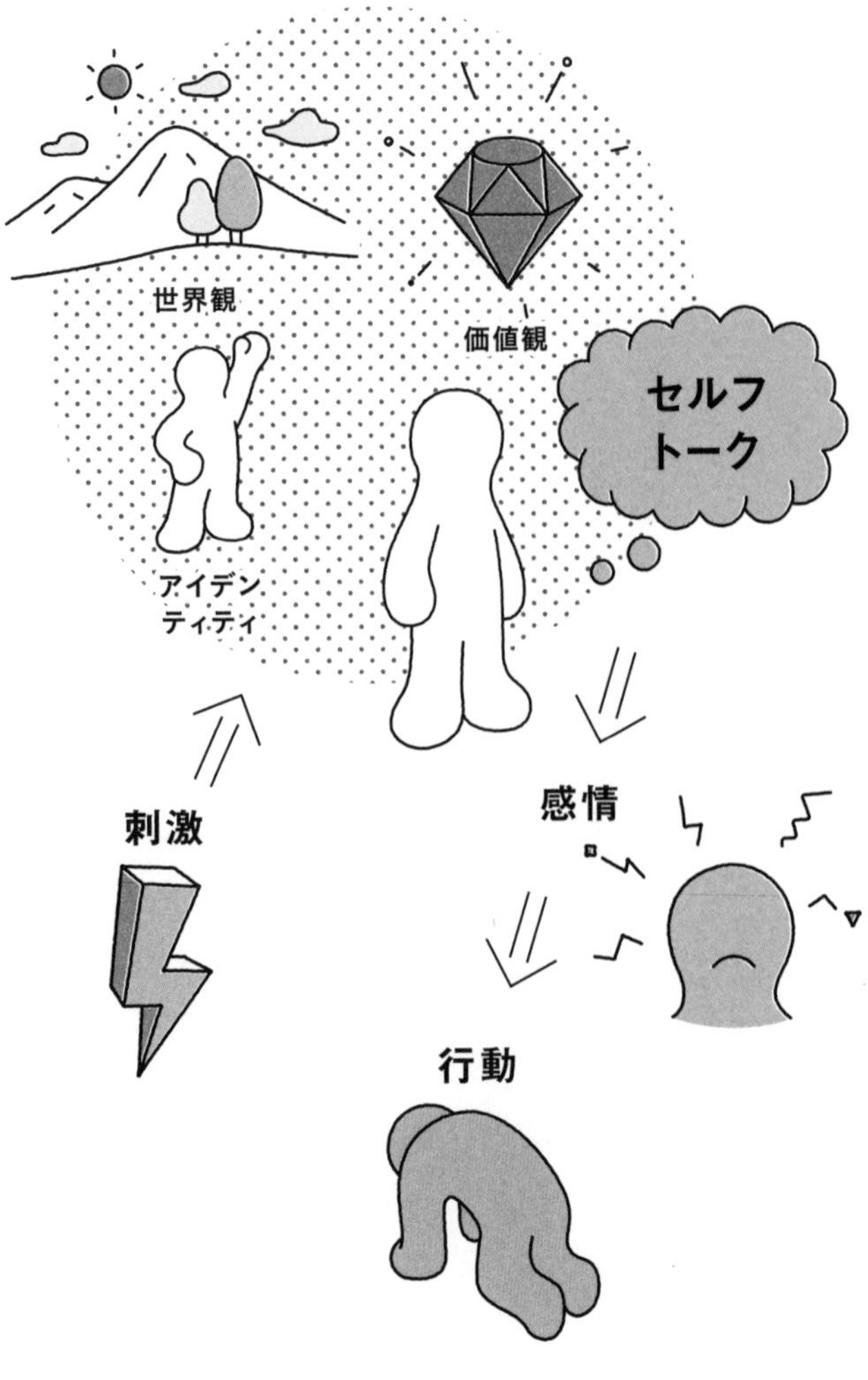
世界観
価値観
セルフ
トーク
アイデン
ティティ
刺激
感情
行動

セルフトーク・マネジメントで理想の自分になる

自分をもっとコントロールできるようになりたい。どんな状況でも実力を出せるようになりたい。思うような自分に成長したい。——多かれ少なかれ、ほとんどの人がこんな願いを抱えているのではないかと思います。

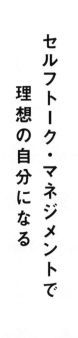

そのため多くの本が、「自分をコントロールする方法」「思うような自分になる方法」を解説しています。これらの方法の多くは、「行動」そのものや、「感情」「ビリーフ」のいずれかを変えようとするものです。

確かに、人間が行動に至る、どのプロセスに着目したとしても、結果として変わることができるのならそれでよいと思います。私自身、影響を受けた本も少なくありませんし、実際に有効な方法もあると思います。

しかし、「行動」や「感情」「ビリーフ」を変えることは、これから述べるような理由で実際にはむずかしいことだと考えています。そういった類の本が出版され続けるのも、ひょっとするとそのことを証明しているのかもしれません。

「行動」を直接変えることはむずかしい

論理療法と呼ばれる心理療法の手法を確立した、アルバート・エリス（Albert Ellis）という人がいます。論理療法は、現在、心理療法において主流となっている認知行動療法に大きな影響を与えており、イラショナル・ビリーフ――誤解や先入観によってゆがんでしまった非合理的心情――を修正することで、さまざまな症例を治療しようとする手法です。

彼は、自分がイラショナル・ビリーフに気づき、修正した例として、次のようなエピソードをあげています。

行動モデルの各フェーズに着目した方法

若い頃、彼は人並み以上に女性に関心をもっていましたが、女性と話すことに恐怖すら感じていて、友人から紹介されない限り、女性と知り合いにもなれない性格だったそうです。そこで、彼は自分に訓練を課しました。

彼の家の近くには大きな植物園があり、そこでは毎日何百人という女性が散歩をしていました。訓練とは、その植物園のベンチに一人で座っている女性を見たら、その女性の隣に座り、一分以内に話しかけて自己紹介をすることでした。

一か月の間に、エリスはベンチに一人でいる女性を一三〇人見つけ、その全員の隣に座ったそうです。一三〇人のうち三〇人はすぐにベンチから立ち去りましたが、一〇〇人は残りました。エリスは、その一〇〇人の女性に対して懸命に話しかけたそうです。天気について、本について、植物園らしく花や鳥について。

しかし、結果は散々なものでした。一〇〇人のうち、たった一人とデートの約束ができただけで、その相手もデートの日には約束の場所に現れなかったのです。

自分がもてないことを思い知らされて、エリスは肩を落としたでしょうか。いいえ、逆に彼は一つの発見に心を動かされていました。――**自分は女性に話しかけることに恐怖を感じていたのに、悪いことは何一つ起こらなかったと。**気分が悪くなり逃げ出した人も、警官を呼んだ人も誰一人いなかったと。

彼は女性とデートすることはできませんでしたが、自分が女性に話しかけることができるということ、そして話しかけても最悪のことは何も起こらないというラショナル（合理的）な事実を認知したのです。

論理療法、そして認知行動療法の有効性を示す、印象的なエピソードです。この話だけをみれば、自分を変えるために、まず行動を変えるというのは非常に有効な方法のように思えます。行動を変えればビリーフも変化する――確かにその通りです。

しかし、行動を自分一人で変えるのは、非常にむずかしいことです。

このエピソードは、後に心理療法のカリスマになったエリスの話です。自分の心に対する意識の高さと行動力は、おそらく一般の人のそれを凌駕《りょうが》しているでしょう。しかも現在、認知行動療法は医師やカウンセラーの指導のもとで行う治療法として進歩しています。まったくもてない人が、「自分を変えたい」という理由だけで一か月間ふられ続けることに耐えられるかというと……普通はむずかしい。

実際のところ、多くの人は行動できないから困っています。「やってみればいい」

と言われたところで「やれないから困っている」と堂々巡りが始まることがほとんどです。

感情だけを変えても「ダウト」が生まれる

行動しさえすればいいとわかっていても、できないから困っている――実際のところ、そういう方がほとんどです。ですから、行動の源泉となる「感情」を変えようという考え方もあります。

確かに、感情を変えることができれば、行動も変えることができそうです。

誰かの言葉に勇気づけられたり、励まされたりして変わる、というのはテレビドラマなどではよくある話です。

「オレなんかダメなんだよ」

「もう一回、あともう一回頑張れよ！　オレが応援するよ」

「……ありがとう。そうだな、もう一回、もう一回。やってみるよ」

テレビドラマならば主人公は次の日から別人になったように動き始める。そうやって番組は終わるわけですが、これが現実ならばどうでしょう？　その時は本当にやる気になったとしても、人生はずっと続いていきます。

「あんなこと言っちゃったけど、本当にできるのかなぁ？」

「あいつは人ごとだから、あんなこと言うけど。どうせうまくいくわけがない」

こんなネガティブなセルフトークが出てきて、行動できなくなるという経験を多くの方がしていると思います。

「ポジティブシンキング」や「アファメーション」（自分に宣言する肯定的な言葉）という手法は、意欲や感情を直接的に変えようとするものです。

「前向きに考えよう」

「オレはできる！　と一〇回繰り返してみましょう」

というようなものですね。

ポジティブシンキングやアファメーションを否定するつもりはありません。いずれも言葉にすることでセルフトークを活用しているということができ、一定の効果があることは確かだからです。

しかし、感情の前に存在するセルフトークに気づき、対処しなければ、いずれ無意識の中で生まれるネガティブなセルフトークに負けることになります。

「ダウト（doubt）」という英語の語源は「ダブルハート（double heart）」です。心が二つある状態の時（つまりセルフトークが生まれたとき）、人は「疑う（ダウト）」わけです。

ポジティブシンキングで前向きなことを言った瞬間はよくても、すぐにあとから、

「あんなことホントにできるわけないだろう」

「こんなこと言って大丈夫なのか？」

とネガティブなセルフトークが流れていく、ダブルハートの状態になってしまいます。

人間の心は、絶え間なく発生するセルフトークによって、プラス→マイナス→プラス→マイナスと常に揺り動かされています。そのことを自覚せず、ポジティブな言葉に頼るだけでは、いずれ力尽き、元の自分に戻ることになります。

日本人はビリーフを変えることに強い抵抗がある

また、行動を変えるために、アイデンティティや価値観、世界観——つまりビリーフを変えよう、という考え方もあります。行動に至るプロセスはビリーフが刺激を受けてスタートしますから、ビリーフを変えればすべてが変わる。確かにそうです。

ただし、人が一気にビリーフを変えるときとは、経験したことのない幸福感に包まれたときや、大きな不幸、悲劇に見舞われたときです。それほど衝撃的なことでなければ、短期間でビリーフを変えることはむずかしい。

インスタントな方法として、自己変革のためのセミナーへの参加などがありますが、多くの日本人は、そういった方法に大きな抵抗感をもっています。

神を絶対的に信じている（諸外国の）人たちにとっては、ビリーフを書き換えるという作業は、そんなにハードなものではないのかもしれません。なぜなら、絶対的な存在として神があって、〝自分たちは神の子〟というような認識があるわけです。価値観の絶対的な部分は神が担当していてくれるから、他のところは安心して変化させることができる。小さな部分の価値観が変わったところで、今までと同じく私は私です。

ところが多くの日本人の場合、絶対的な「よりどころ」がないので、自分がもっている価値観・信条体系のすべて（つまりビリーフ）が、イコール自分自身だ、と思っているところがあります。したがって、自己変革セミナーや宗教の会合などで自分の価値観が変えられそうになったり、人のビリーフが変えられる場面を見たりすると、「自分自身がなくなってしまう」「自分がまったく違うものになってしまう」「自分が何かに操られる」という強い抵抗感をもってしまうのかもしれません。

とはいえ、ビリーフを変えない限り自分は変わらないかもしれない、ともどこかで薄々感じています。見てみたいし、やってみたいけれども、ちょっと怖い。それが、多くの日本人にとっての正直な心情なのかもしれません。

では、セルフトークはなぜ変えられるのか？

このように、「刺激」から始まる「ビリーフ→セルフトーク→感情→行動」という

「ビリーフ」「感情」「行動」を変えるのはむずかしい

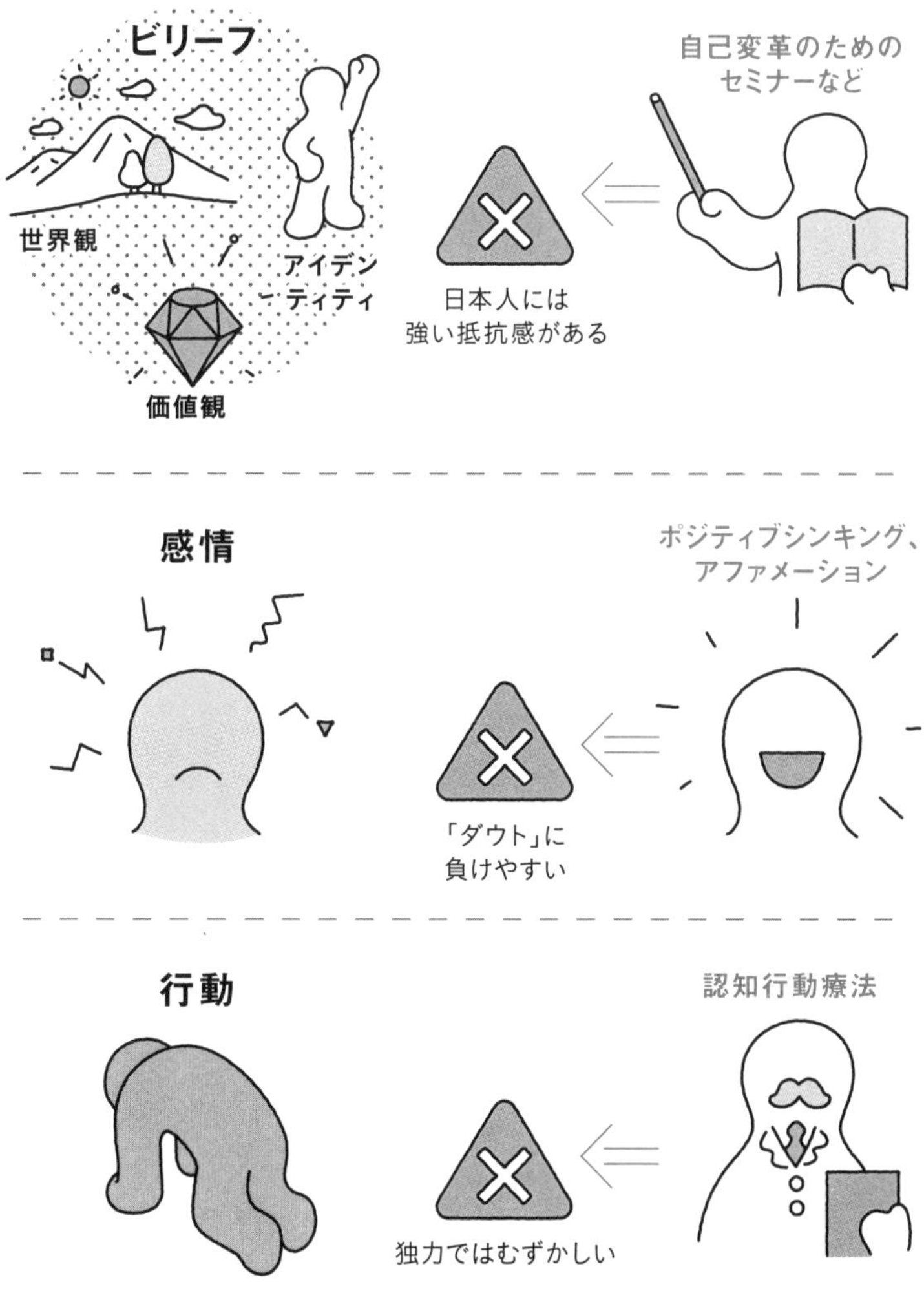

プロセスのうち、「ビリーフ」「感情」「行動」を変えようとしても、なかなかうまくいきませんし、その効果を長続きさせることは非常にむずかしい。

では、「セルフトーク」を変えれば、感情や行動を変えることはできるのか？　そしてその効果を持続させることができるのか？

「できる」のではないかと、コーチとしての過去の経験からは思っています。

また加えて「脳のしくみとセルフトークの関係」についての推論からも、その可能性は高いと考えています。ご存じの通り、脳は複数の部分に分類することができます。有名なところでは、「大脳」「小脳」「脳幹」などがあり、「大脳」はさらに「前頭葉」「頭頂葉」「側頭葉」「後頭葉」に分かれています。

セルフトークが生まれる場所は、おそらくこのうちの前頭葉ではないでしょうか。セルフトークはあくまでも「言葉」であり、前頭葉が言葉を生み出す主要な部分であることは明らかになっているからです。また、前頭葉は人間らしい感情や意欲も司っています。

このことから、セルフトークと感情は、前頭葉という部分において、不可分に結びつきながら生み出されていると推測できます。

ですから、行動の要因となる感情を変えるためには、有機的に結びついているセルフトークを変える必要がある。セルフトークが変われば、感情も変わる、というように考えています。

そして、曖昧な、つかみ所のない感情と異なり、セルフトークは言葉です。言葉であるために、明確に認識し、司ることができます。これが、セルフトークが、セルフコントロールのための適切なハンドルであると考える理由です。

本書は、このセルフトークをマネージするための具体的な方法――「セルフトーク・マネジメント」についての入門書となります。

PART 1

まとめ

- 人にはあらゆることに対する判断基準であるビリーフがあり、そのビリーフが他人や環境から刺激を受けると、セルフトークが発生する。そして、このセルフトークが人の感情と行動に影響を与える。
- ビリーフ、感情、行動を直接変えることはむずかしい。セルフトークは言葉であり、その言葉を自分で明確に認識し、それに変化を与えることで、感情や行動を変えることが可能になる。つまりセルフコントロールできるようになる。

SELF TALK
MANAGEMENT

PART 2

セルフトーク・マネジメントのための基礎知識

セルフトークとコーチングの深い繋がり

ここで、なぜ、コーチングをなりわいとする私がセルフトークについて語るのか、つまりコーチングとセルフトークの関係についてお話ししておきたいと思います。

コーチングでは、相手に問いを投げかけ、その問いへの探索を促し、可能な限り相手が主体的に行動することを目指します。このコーチングの誕生が、セルフトークの発見と深い繋がりがあります。

一九七一年、ある若いテニスのコーチが、自分や生徒達を観察するうちに一つのことに気づきました。それは、テニスのプレーヤーはそれぞれ「心の内側で自分自身と対話をしている」ということです。

「また失敗した！」

「なんでできないんだ」

「もっと足を動かさないと」

プレーをするうちに自分の中で自然と生まれてくるこうした対話のほとんどが、恐れや自己不信からくるもので、プレーヤーが自分の実力を発揮できない原因になっていることを彼は発見したのです。

このテニスのコーチは、ティモシー・ガルウェイ（W. Timothy Gallwey）といい、ハーバード大学でテニス部の主将として活躍したのち、大学院で学習法の研究をしていた人物でした（テニスのコーチは副業として行っていたようです）。

ガルウェイは、自分自身に話しかけ、叱責し、支配している声の主を**「セルフ1」**と名づけ、その命令によってボールを打つ存在を**「セルフ2」**と名づけました。自分自身（myself）が二つに分かれ、対話をしていると仮定したのです（ガルウェイはこの会話を「インナーゲーム」と名づけました）。

そのような仮定でプレーヤーの観察を続けた結果、「自分自身をコントロールし、評価しようとするセルフ1の口数が少なければ少ないほど、実際のプレーはよくなる」ことが明らかになりました。

自発的な成長を促すことがコーチの役割

そして研究を進めるうちに、コーチのもっとも重要な仕事は、プレーヤーの欠点を指摘することではなく、**いかにしてプレーヤーのセルフ1を静かにさせ、偉大な潜在能力をもつセルフ2を自由に成長させるかである**、という結論に至りました。

ガルウェイが行った指導は、たとえばこのようなものでした。

ある日、ガルウェイが選手を指導していると、隣のコートから他のコーチの大声が聞こえてきます。

「もっとよくボールを見て！」

「もっと足を動かして！」

「スイングが手打ちになってる！　注意して！」

指導を受けているのは、先日初級クラスに入ったばかりの、三〇歳ほどの女性でした。休みがてらその様子を見ていると、どうやら練習の最初に見た頃よりも、下手になっているように思えます。彼女の身体はガチガチになっており、まるでロボットのようなスイングになっていました。

そこでガルウェイは、

「ちょっとだけ僕に、彼女の面倒を見させてくれないか」

と言って、コーチを替わってもらいました。

そして彼は生徒にこう言いました。

「今から僕がボールをトスするから、ボールが最後にバウンドしたあとに、縫い目をよく見て、どういう回転をしてくるか、僕に教えてくれないか？　打つことについては特に考えなくていい。振ったラケットが勝手に当たるところで打てばいいから」

すると、彼女は驚くほどなめらかな動きでボールをラケットの真ん中に当て、相手のコートに返すことができました。

これは、それまでコーチに言われてきたいくつものアドバイスが、彼女の中では

「セルフ1」となり、集中を妨げ、身体を硬くさせて彼女の自然な動きを邪魔していたと考えることができます。

「注意を守らないと……まずボールをよく見て、同時に足も動かして、それからスイングは必ずテイクバックして……」

こんなことをいちいち考えていては、まともなスイングができるはずもありません。

しかし、ガルウェイの問いに答えようとすることで、ボールの回転だけに集中でき、「セルフ1」によって生み出されていたさまざまな束縛（プレッシャーや焦り）が消えたわけです。

このようなガルウェイの発見をもって、**自分自身の内的な力に向き合い、自発的な成長を促すコーチングが誕生したといわれています。**そして、セルフ1・セルフ2による自分自身の中での対話（インナーゲーム）が、セルフトーク・マネジメントの原型ともなっています（セルフ1・セルフ2の発見と、その働きについてガルウェイがまとめた書籍『インナーゲーム』は世界的なベストセラーとなりました。現在は改訂版である『新インナーゲーム』〈日刊スポーツ出版社〉にて、その内容を詳しく知ることができます)。

その後、コーチングはスポーツだけでなく、生活全般、特にビジネスの分野で大きな発展を遂げ、活用されています。

ガルウェイの発見からの流れをくむコーチングは、その目的の主要な部分に、現在でも、クライアントのセルフトークを変えるということが据えられています。

問いかけることでクライアントにセルフトークを認識してもらい、自身の能力を高めないセルフトークがあれば高めるものへと変えてもらう。それは、私たちプロのコーチの大切な役割の一つです。

「感情」のセルフトークAと「理性」のセルフトークB

本書で説明するセルフトークも、ガルウェイのいう「インナーゲーム」と同じく「自分の心の中での対話」です。しかし、決して同じものではありません。ガルウェイは頭の中に浮かぶ言葉をすべて「セルフ1」としていましたが、セルフトーク・マネジメントではそれを二つに分類しています。

本書では二つのセルフトークをそれぞれ、

「セルフトークA」

「セルフトークB」

と呼ぶことにしましょう。

セルフトークAは、「感情」を呼び起こし、「反応」としての行動を導くセルフトークです。自分の意思にかかわらず自動的に「生まれる」セルフトークであり、「A」はautomatic（自動的）を意味します。

セルフトークAは、さらに「ポジティブな感情・反応を導くもの」と「ネガティブな感情・反応を導くもの」に分けることができます。

ポジティブなものを気にする必要はありませんが、ネガティブなセルフトークAは少なければ少ないほどよいものです。

本書の冒頭でお話しした、大爆発してしまう事業部長の怒りのきっかけとなっていた「許せない」というセルフトークがセルフトークAに該当します（これ以降、本書で単に「セルフトークA」といった場合は、ネガティブなものを意味します）。

また、実際の行動やはっきりとした感情に結びつかない場合には、セルフトークAは、いわゆる「雑念」と呼ばれる存在になります。

これに対し、セルフトークBは、「理性」を呼び起こし、「対応」としての行動を導

くセルフトークです。

セルフトークBは自ら「生み出す」セルフトークです。Bはbear（生む）のBと覚えてください。自分の意思で生み出すセルフトークBは原則として有用な存在であり、これをどう利用するかがセルフトーク・マネジメントのポイントになります。

以上により、刺激からセルフトーク、行動に至るモデルは、次の図のように書きかえることができます。

二つのセルフトークによる行動モデル

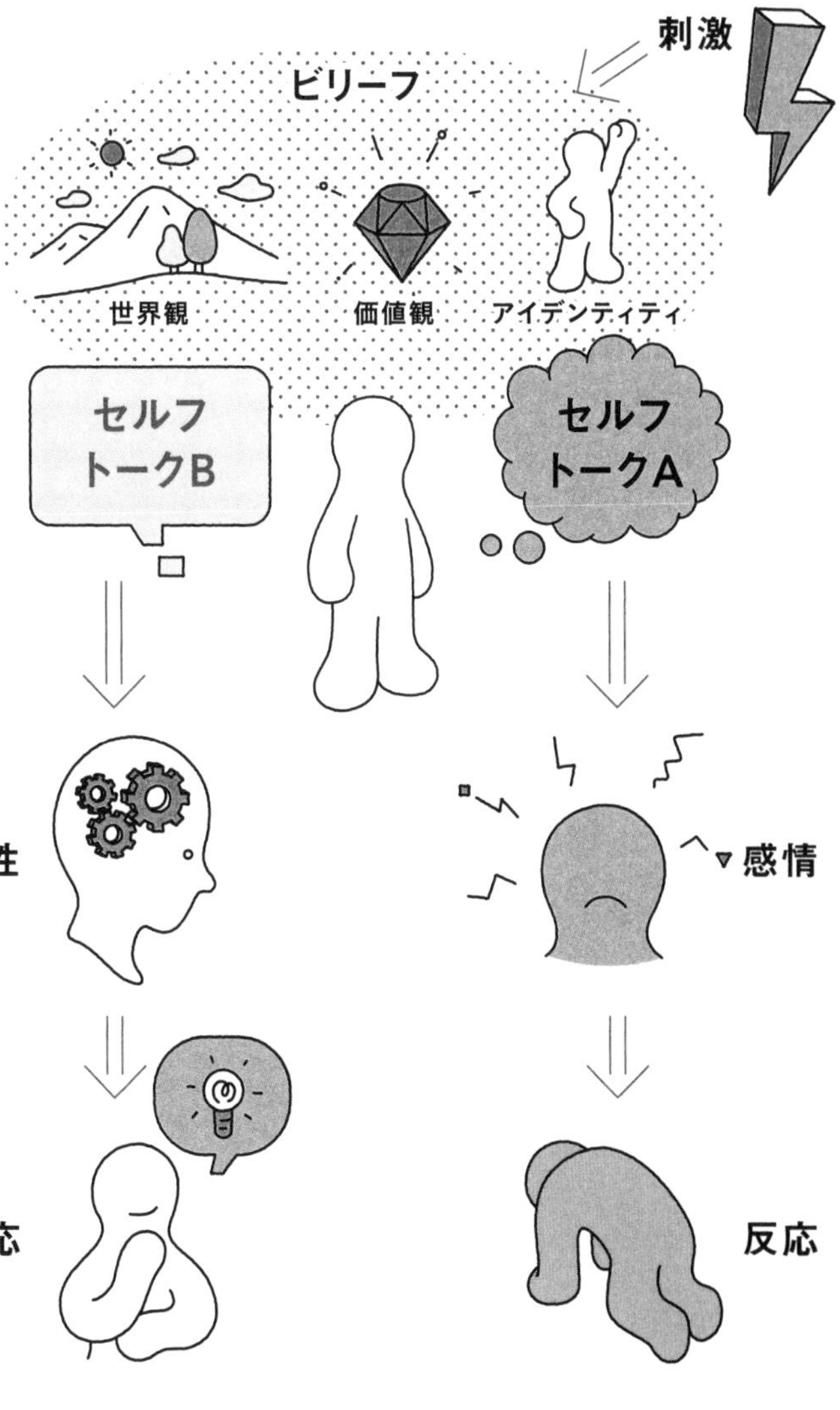

「反応」と「対応」を区別する

セルフトークがAとBの二つに分けられたように、それによって引き起こされる行動も、「感情」によって引き起こされる**「反応」**としての行動と、「理性」によって引き起こされる**「対応」**としての行動に分けることができます。

感情と反応、理性と対応は不可分なものであり、**「感情的反応」「理性的対応」**と表現することもあります。

反応（感情的反応）と対応（理性的対応）――この二つの違いを意識することは、セルフトーク・マネジメントにおいて重要です。

「理性的対応」には「目的」がある

何かの手段として悲しんだりはしないように、「感情↓反応」と「理性↓対応」の本質的な違いは、「目的」の有無になります。**引き起こされてしまう「受け身」の行動か、自ら生み出す「積極的な」行動かの違いということもできるでしょう。**

目的をもって悲しむのは、感情ではなく演技です。泣くという行動も、目的をはらんだとたんに、セルフトークBによる理性的・積極的な行動になるのです。

しばしば、「怒るのではなく、叱りなさい」といわれますが、「怒る」と「叱る」の違いは、反応するか対応するかの違いです。

他人の言動や出来事にビリーフを刺激され、セルフトークAが生まれて「怒る」ことになります。自分をコントロールできない状態です。

それに対し「叱る」場合には、たとえセルフトークAが生まれ、怒りの感情が引き起こされたとしても、行動を起こす前にセルフトークBによって修正され、理性的な対応となっています。

感情・反応と理性・対応

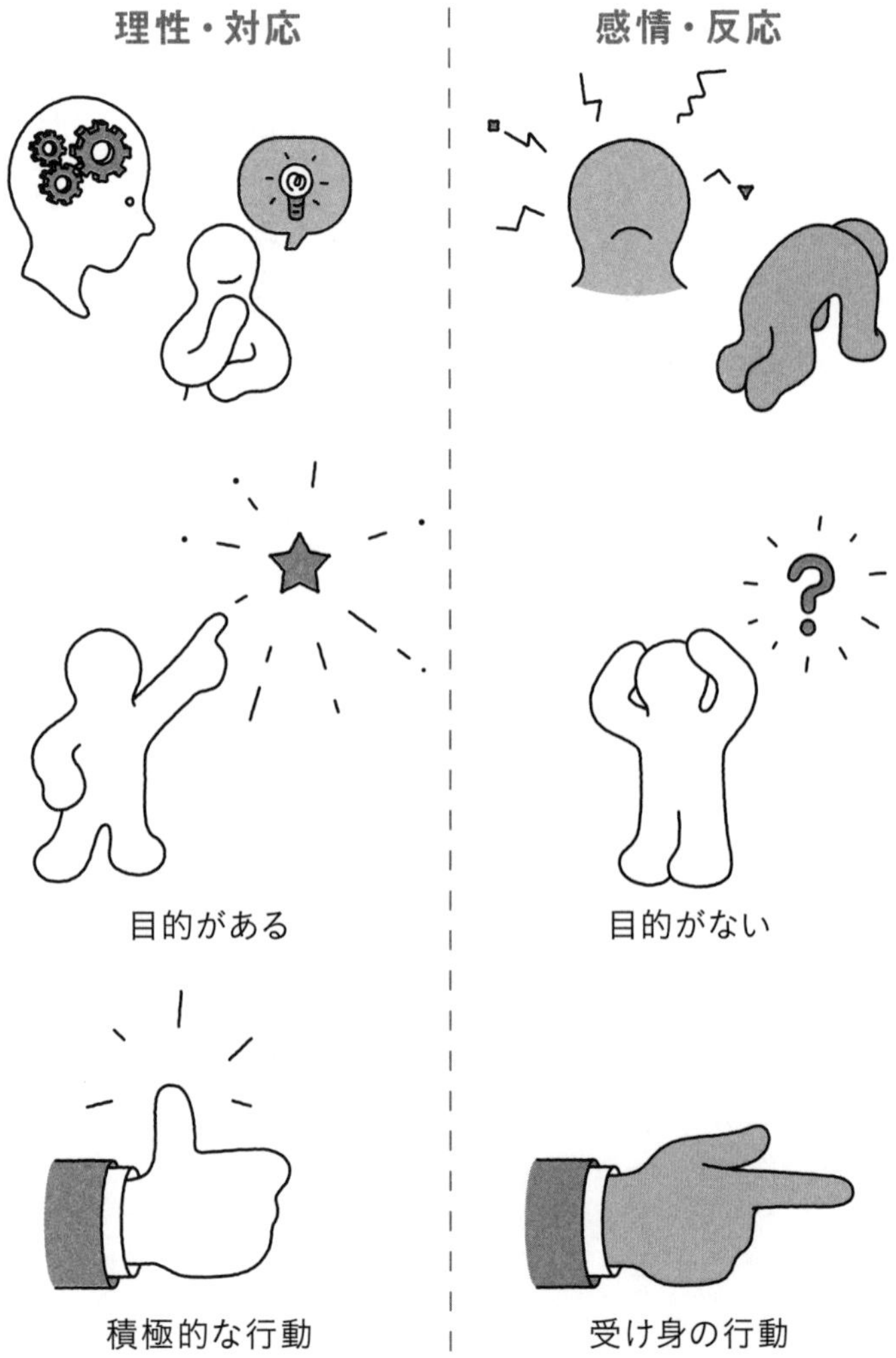

「感情的反応」もコントロールできる

多くの人が、反応してしまうのは仕方がない、刺激と自分の感情・行動は直結しているものだと考えています。たとえば、次のようなプロセスがあります。

〔刺激〕　　　〔感情〕　　　〔行動〕
「怒られた」→「悔しい」→「泣いた」

「怒られたので悔しくて泣いた」――少しもおかしいところはありません。実に当たり前の文章です。当たり前なために、人はそれを変えられないと信じています。

しかし、セルフトーク・マネジメントでは、通常は意識しない「→」の部分に注目し、セルフコントロールを行います。

なお、反応と対応の違いに着目するのは、私のオリジナルではありません。私自身、たいへん感銘を受け、セルフトーク・マネジメントについての考えを深めるきっかけとなった言葉があります。

次のページにあるのは、精神科医であり心理学者でもあるヴィクトール・E・フランクル（Viktor E. Frankl）の言葉です。他者や外部からの刺激と、それに対する反応は、不可分に結びつけられているものではなく、自分の意思で反応を選択できることを述べています（ここでの「反応」はセルフトーク・マネジメントでいう反応と対応の双方を含んでいることに注意してください）。

フランクルはユダヤ人であり、第二次世界大戦中、アウシュヴィッツ収容所を含む四つのナチスの収容所に囚われました。その時の経験を記した本が、世界的な名著として知られる『夜と霧』（みすず書房）です。

多くの同胞が虐殺され、自分の家族も強制収容所で死亡するという、極限の体験をした人物がたどり着いた言葉です。それほどの体験をしながらも、彼は終生、ユーモアとウィットを忘れない人物だったといわれています。

人は、感情に振り回され、反応するだけの存在ではありません。理性と対応を自ら選択することができるわけです。

ヴィクトール・E・フランクルの言葉

Between stimulus
and response there is a space.

In that space lies our power to
choose our response.

In our response lies our growth
and our freedom.

刺激と反応の間には、
いくばくかの「間」が存在します。

私たちはこの「間」の中で、
自分の反応を選択します。

私たちの成長と自由は、
私たちが選ぶ反応にかかっているのです。

相手のために何ができるのかを考え、「対応」する

「反応」を「対応」に変えることで可能になるのは、セルフコントロールだけではありません。相手とのコミュニケーションにおいても、一段上のレベルに到達することができます。

二〇〇四年、カナダのケベックで開催された国際コーチ連盟の年次総会に参加し、ボストンフィルハーモニー管弦楽団の常任指揮者ベンジャミン・ザンダーによる講演を聞きました。

ザンダーはイギリス生まれのユダヤ人で、六五歳と紹介されていましたが、その溢

れんばかりのエネルギーには、度肝を抜かれました。

二〇〇〇人を超えるオーディエンスで埋め尽くされた会場を、所狭しと歩き回りながら、自分の想いをとてつもない情熱で語りかけていきます。ほぼ三時間まったく休みなく。

聞けば、彼は指揮をするかたわら音楽学校も経営していて、リーダーシップに関する講演を世界各所で行っている。各国の政財界の首脳が集まるダボス会議のような場に招かれて講演をしたこともあるとのことでした。

そのザンダーが講演の中で、リーダーにとって、反応ではなく対応がいかに大事かという話をしてくれました。

彼は、毎回自分が指揮するコンサートに音楽学校の生徒五〇人を招待することにしていたそうです。

ある時、ヨーロッパから著名なピアニストを呼んでのコンサートがありました。前評判も高く、あっという間にチケットは売り切れました。ところが観客席のほうを見ると、ある一部に空席があります。

事務局員を呼んで、ザンダーは聞きました。

「今日は満席のはずだよね。どうして空席があるんだ？」

事務局員は言いにくそうに答えました。

「どうも、うちの生徒たちが何人か来ていないようなんです」

ザンダーは心配になりました。

「どうした、事故でもあったのか？」

「それが、今日はショッピングモールに遊びに行ってしまったらしいんです」

それを聞いたザンダーは怒り狂いました。

このコンサートを前からとても楽しみにしていて、それでもチケットが手に入らなくて地団駄を踏んでいる人が何人もいる。それなのに、そもそも利権、特権をもっている自分の生徒たちがコンサートをさぼった。しかも天秤にかけたのはショッピングモール。怒りが全身を覆いました。

しかし、コンサートの開始は目前に迫っている。気持ちを一気に切り替え、そしてタクトを振りました。

コンサートは見事に成功し、ザンダーは拍手の渦に包まれました。興奮冷めやらぬ観客に視線を投じたその時、生徒たちが本来座っているはずだった席が目に入りました。喜びはあっという間に怒りへと変貌しました。コンサートが素晴らしかったからこそ、余計に生徒たちが許せない。怒り心頭に発したまま、彼は車を運転して家に帰りました。

相手の可能性を拓く

家には心理学者でもある奥さんのロズがいました。

彼の様子を見たロズは、

「あら、あなたでも怒るのね」

少し茶化すように言いました。

「何を言ってるんだ、君は！　今日僕に何があったのか知ってるのか！」

ザンダーはその日のことを一気に説明しました。

ロズはじっとザンダーを見つめ、そして言いました。

「あなたの気持ちはわかるわよ。でもね、リーダーというのはそうやっていつも試されているのよ」

「何のことだよ」

「リーダーは常に三つの選択肢の狭間で揺れているわ。一つ目は、相手を説き伏せてしまうこと。まあ、ほとんどのリーダーは自分の優位を保つためにこればかりやっているわね。偉そうだから」

「じゃあ二つ目は？」

「二つ目は、相手を説き伏せることができないと、相手の言っていることややっていることに妥協しようとする。大抵のリーダーは一つ目か二つ目しかやらない。でもね、三つ目の選択肢があるのよ」

「……三つ目？」

「そう三つ目。この三つ目の選択肢を常に選択し続けているごく少数のリーダーがいるわ。彼らは間違いなく大きな成功を手にしている」

「だから、それは何？」

「それは、**オープン・ザ・ポッシビリティ（相手の可能性を拓く）**という選択肢よ。どんな時でも、誰に対してでもこの選択肢を選ぶことのできる人、それが真のリーダーといわれる人ね。さあ、あなたは今回どれをやるのかしら？」

自分のためではなく、相手のために何ができるか

そこまで妻に言われては悔しいですよね。彼は三つ目の選択肢を採ろうと考えました。相手の可能性を拓くにはどうすればいいのか。一晩考えたそうです。

次の日。

彼はコンサートをさぼった生徒たち全員を自分の部屋に呼び、一人ひとりの顔を真剣に見ながら、こう言ったそうです。

「君たちは昨日コンサートに来なかった。さぼった。最初僕はものすごく頭にきた。許せないと思った。ただ、昨日家に帰ってから、今回のことはなぜ起こったのかということについて改めて考えてみた。一つの結論に至った。今回君たちがコンサートに来なかったのは、最終的には君たちの責任ではない。リーダーとしての自分に責任があると思う。なぜならば、今回のコンサートが君たちの音楽のキャリアにとってどのような意味や意義をもつかということについて、事前に僕が伝え切れなかったのは明白だからだ。**次からは、いいからコンサートに来いではなく、どうして来てほしいの**

か、どう君たち一人ひとりの将来に役立つのか、しっかりと伝えていこうと思う。今回はある意味で君たちの大事な機会を奪ってしまった。たいへん申し訳なかった。許してほしい」

それ以降、生徒たちがコンサートをさぼることは一回たりともなかった。そうザンダーは言っていました。

ロズがザンダーに語った三つの選択肢は、リーダーだけに当てはまるものではありません。人間の他人に対する行動は、すべてこの選択肢に分類することができます。

「反応」によって引き起こされる行動は基本的に二種類しかなく、「自分のために戦う」あるいは「逃げる」そのどちらかです。

感情にとらわれ、コントロールを失った状態では、このどちらかしかありません。

しかし、「対応」には第三の選択肢があります。

それは「自分のため」ではなく、「相手のために」何ができるかという選択肢です。

セルフトーク・マネジメントのアウトライン

ここまで、セルフトークとは何かということ、また、セルフトーク・マネジメントの基本となる「反応」と「対応」の違いを説明してきました。次の章からは、セルフトークをマネージする具体的な方法について述べていきますが、ここでそのアウトラインをまとめておきましょう。

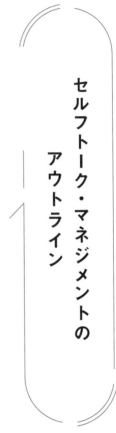

本書で解説するセルフトークへのアプローチは、次の四つに分類できます。

①セルフトークを「変える」

これまで説明してきたとおり、セルフトークは感情や行動の引き金ですから、セルフトークを自分の意思で変えることができれば、感情に流されず自分の行動をコントロールすることができます。

具体的には、生まれてしまったネガティブなセルフトークAを、新たに生み出すセルフトークBに変え、「反応」を「対応」に変えることになります。

②セルフトークを「使う」

出勤前のもち物のリストアップから経営判断のような戦略づくりまで、人の頭の中には意識的につくり出したセルフトークBがあふれています。この場合のセルフトークBは、一般的な意味での思考に近いものですが、行動を起こすために、あるいは行動の指針をつくるために、自ら生み出す思考に限られます。

人は、特に意識しなくとも、セルフトークBを使っているわけですが、これを意識的に、いくつかの「やり方」を知ったうえで行えば、より効果的に自分の意識や行動をコントロールできるようになります。

③セルフトークを「減らす」

ネガティブなセルフトークAは、原則として少ないほどよいものですから、これを減らすことはセルフトーク・マネジメントの重要なテーマとなります。

たとえばスポーツの試合の前、選手の心にはさまざまなセルフトークAが生まれます。いわゆる雑念であり、不安や緊張を引き起こし、身体を硬くするものです。これをできる限り減らし、集中することがパフォーマンスの向上につながります。また、デスクワークや何らかの研究、執筆に没頭しているときには、単にセルフトークが減るのではなく、意識がセルフトークBで満たされることで、セルフトークAが少なくなります。

④セルフトークを「なくす」

セルフトークを「減らす」ことを突き詰めると、セルフトークAがなくなり、完全に集中した状態になります。アスリートの世界で、ゾーン（zone）と呼ばれる状態です。自在にゾーンの状態に入ることはアスリートの夢であり、私自身、確信をもってセルフトークをなくせると言えるわけではありませんが、いくばくかのヒントは本書で示したいと思います。

セルフトーク・マネジメントに関するこれらの分類を図にまとめると、次ページのようになります。これら四つは、重なり合う部分が少なくありません。たとえば、セルフトークを「変える」とは、セルフトークBを「使って」変えるわけですし、セルフトークを「減らす」場合には、先ほど説明したように、セルフトークAをセルフトークBに「変える」ことで、減らすことも意味するからです。

一つひとつの方法にこだわるのではなく、トータルでの理解と実践がセルフトーク・マネジメントのポイントになります。

セルフトーク・マネジメントのイメージ

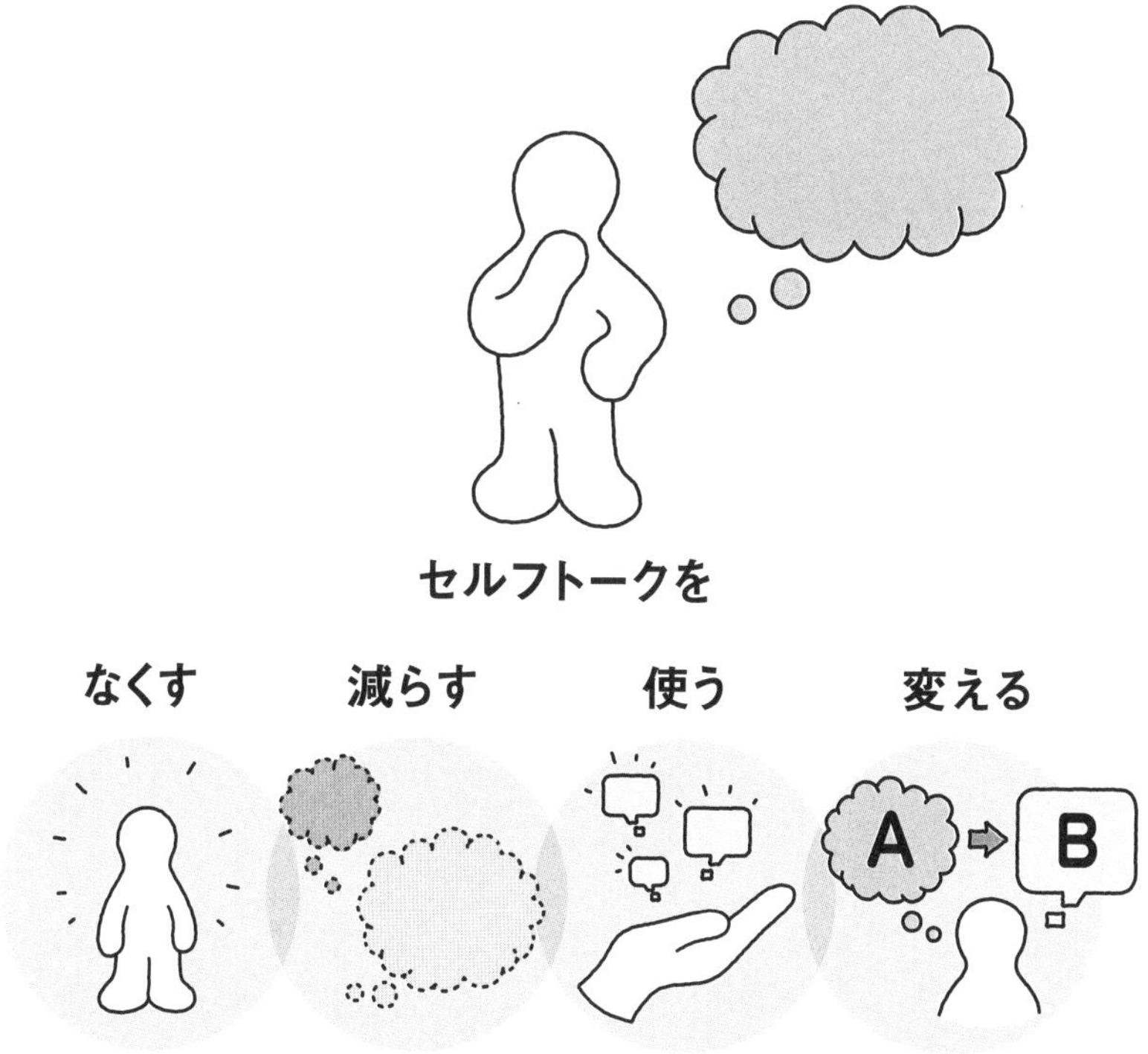

四つの方法は
少しずつ重なり合う

まとめ

- セルフトークは、自動的に生まれるセルフトークA（automatic）と、自ら生み出すセルフトークB（bear）に分けられる。
- セルフトークAは反応を生み出し、セルフトークBは対応をつくり出す。
- セルフトークAは、さらに、ポジティブな反応を生み出すものと、ネガティブな反応を生み出すものに分けることができ、後者は少ないほどよい。

SELF TALK
MANAGEMENT

PART 3

セルフトークを「変える」

――ネガティブな感情から脱する方法

セルフトークを「変える」とは

「緊張」「怒り」「不安」「後悔」「恐怖」——これらネガティブな感情にとらわれてしまった状態から自分を回復する。それがセルフトークを**「変える」**目的です。

たとえば、大勢の前でのスピーチを控え緊張しているとき、頭の中には無数のセルフトークAが意識できないほどの速さで流れています。

「こんなに人がいるならもっと練習してくればよかった」

「失敗したらみっともない」

「不安だ……紙を見ながらスピーチしようか……」

これから就職の面接に挑むときも同様です。

「これで落ちたらオレはどうなるんだ？」

「面接官が怖かったらどうしよう……」

「このスーツでよかったかな」

そんなことは考えたくもないのに、不安なことが次々とセルフトークAとして頭に浮かんできます。最初はささいな囁《ささや》きだったセルフトークAが不安を生み出し、不安がさらなるセルフトークAを引き出すという悪循環です。

「セルフトークA→不安・緊張→セルフトークA→不安・緊張……」。このサイクルがどんどん速くなり、**当初は自覚できる程度だったセルフトークで頭がいっぱいになり、脳が麻痺したような状態になる——これが自分を失うプロセスです。**

まずはセルフトークを「認識」する

そんな状態にならないよう、なったとしても速やかに回復できるよう、セルフトークを「変える」技術を身につけておく必要があります。セルフトークを「変える」技術といっても、むずかしいものではありません。技術というよりも知識というほうが正しい表現でしょう。**なぜなら、セルフトークは変えることが可能だということ、そしてその手法を知るだけで、セルフコントロールはずいぶんと簡単になるからです。**

具体的には、

①まず、自分がネガティブな状態にあること、その状態の原因であるセルフトークAを認識する

②そして、そのセルフトークAをセルフトークBに置き換え、理性による対応としての行動に戻す

これがセルフトークを「変える」プロセスになります。

先ほど述べたように、セルフトークAを認識するのはむずかしいことではありません。現に、たとえば本書を読まれているあなたは、セルフトークの存在を知っただけで、自分にどのようなセルフトークAが生まれているのか、ある程度把握できるよう

セルフトークを変えるプロセス

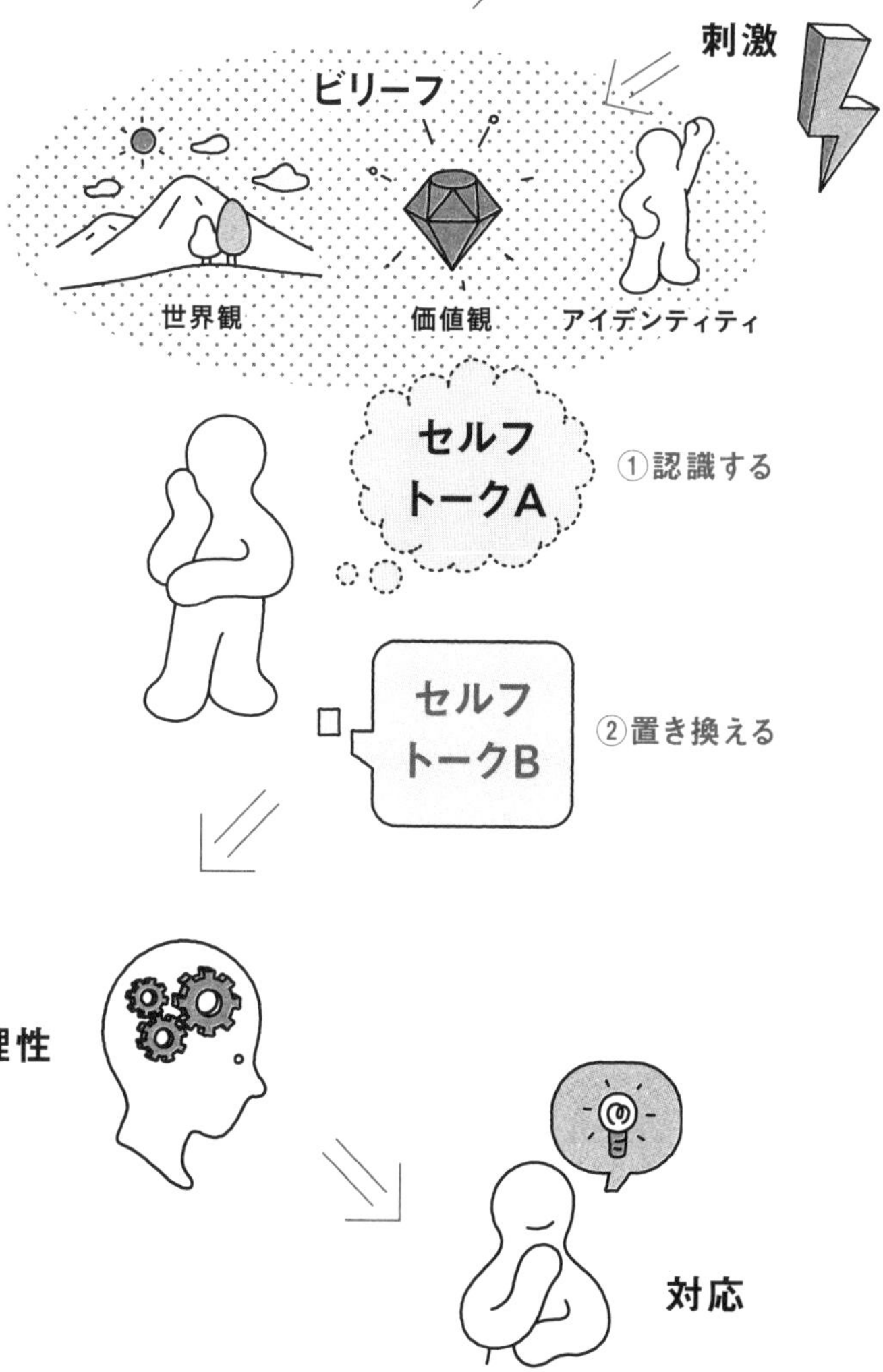

になったはずです。

セルフトークを認識する技術は訓練で磨ける

ただし、セルフトークAを捉える技術は、訓練によって磨くことができますので、セルフコントロールに長じたいのであれば努力も必要です。

私が、クライアントの方にセルフトークを認識してもらうときには、会話の途中で突然、「今この瞬間、どんなセルフトークが流れていましたか？」という質問をします。「瞬間」を印象づけるために、「パンッ」と手を叩くこともあります。初めは戸惑う方も少なくありませんが、回数をこなすうちに、多くの方が、その瞬間どのようなセルフトークが流れていたのかを言葉にできるようになります。

また、一日の終わりに、日記をつけるように、その日のさまざまな場面におけるセルフトークAを書き出してみることも有効です。

いずれにせよ、「認識すること」は、セルフトーク・マネジメントにおけるもっと

も重要な基本となりますので、常にセルフトークを捉えられるよう、意識していただければと思います。

自分への質問でセルフトークを変える

「認識」したのち、セルフトークを「変える」次のポイントは、自分を捉えるセルフトークAをどのようなセルフトークBに変えるべきか、ということになります。

現在では袂《たもと》を分かっていますが、タイガー・ウッズのコーチをしていたブッチ・ハーモンという人物がいます。彼がある時メディアから質問されました。

「あなたはどうやってタイガーをコーチするのですか？　タイガーよりもゴルフが上手だとは思えません」

「その通りだ。今もうあいつにかなうものは一つもない。ドライバーも、アイアンも、アプローチも、パターも、メンタルも、どれをとってもあいつのほうが優れている」

そして彼は続けました。

「だが、私にはパワー・オブ・クエスチョンズ（質問する力）がある」

彼は次のようにタイガー・ウッズをコーチしていたといわれています。

「タイガー、これから全英オープンに挑戦するわけだが、コースについて君はどんなふうに捉えている？」

「フェアウェイがとても狭くて、ラフが深い。ラフに入れるとまずいので、確実にフェアウェイをキープしたい」

「フェアウェイをキープするために、今、君が考えていることを教えてくれないか？」

「まずは、いつものように高く上げて遠くに飛ばすショットではなくて、弾道を低く抑えて、確実にフェアウェイをキープする」

「なるほど。だとすると、君のスイングの中で、どこに一番意識を向けるのが大事だと思う？」

「……やはり腰だ。腰を深く大きく回すのではなくて、浅く小さく、ぶれのない軌道で回すことが非常に大切だ」

「なるほど。だとすると、事前の練習や準備の中で、どんな点にフォーカスしていこうか？」

「ぶれのない軌道で腰を回すためには、股関節を柔らかくする必要がある」

「では、そのようにやってみよう」

コーチングとは何かを説明する、非常によい例です。コーチの実力は、ひとえにパワー・オブ・クエスチョンズ（どんな質問をクライアントに投げかけられるか）にかかっています。

セルフトーク・マネジメントにおいても、その本質は変わりません。

セルフトークAが生まれたとき、心の中でどのような質問を自分に投げかけるか、つまり、どんなセルフトークBを生み出すかでセルフコントロールの成否が決まります。

それでは、具体的にどのような質問（セルフトークB）を自分に投げかけるべきなのでしょうか？　セルフトークは人によって異なりますので、有効な例をすべて紹介することはできませんが、よい質問というものがいくつか存在します。

（質問1）肯定・自責の質問

コーチは、質問を「肯定質問（Positive Question）」と「否定質問（Negative Question）」に分類します。そして、クライアントの中で生まれる質問が、否定質問から肯定質問に変わるよう手助けをします（その質問の効果は、A・Bどちらのセルフトークであっても同じです）。相手の中にいかにして肯定質問（肯定的なセルフトーク）をつくり出せるかがコーチには問われます。

肯定質問にこだわるのは、肯定質問こそが未来を創る力をもつからです。一方、否定質問は、対象だけでなく自分の未来をも否定する質問です。

たとえば会議に参加していて「この忙しい時期に、なんで会議ばかりなんだ？」というセルフトークAが生まれたとします。これは、会議を自分の仕事を増やすものとして否定する質問です。そこからは現状を変える答えは生まれてきません。

現状を変える力をもつのは、肯定質問、つまり肯定的なセルフトークです。そこで、次のようなセルフトークBを自分の中に生み出します。

「この会議を建設的なものにするために、何ができるだろう?」

「会議自体は変えられないとしても、少なくとも自分がこの会議の時間中にストレスを感じないためには何ができるだろう?」

このようなセルフトークBが、自分はクリエイターであり環境に働きかけていくことができるというスタンスを生みます。そして、そのようなスタンスが肯定質問を生み出すという好ましいサイクルをつくります。

否定質問は周囲の状況に「反応」しているにすぎないともいえます。しかし、肯定質問は「対応」であり、適切な肯定質問ができれば、環境という他者に対しても第三の可能性が広がるわけです。

また、肯定質問と否定質問の関係は、「自責の質問」と「他責の質問」の関係にもそのまま置き換えることができます。なぜなら、「肯定」というスタンスは、「すべてが自分次第であるから」他者や環境に働きかけることができるという考え方であり、

「否定」というスタンスは「すべて他人のせいだから」自分には何もできない、という考え方に他ならないからです。

コーチングにおいても、「あの人のせいで自分はこうなった」「会社のせいでこうなった」といったクライアントの言葉に、コーチが満足することはありません。自分次第だと考えていることが伝わってくる言葉が出てくるまで、じっと耳を傾け、質問を続けます。セルフトークを変える際には、同じことを自分に対して行うことになります。

《質問2》相手の背景を探る質問

対人関係においては、特に、相手の言葉や行動の背景を探る質問（セルフトークB）が非常に有効です。

管理職向けに行うトレーニングで以下のようなことを実践していただくことがあります。

部下にはってしまったネガティブなレッテル（157ページ参照）をはがすために、管理職同士、二人ひと組みになって、相手から部下についていろいろ質問してもらいます。

「その部下にとって、今、一番つらいことは何だと思いますか？」

「彼にとって決して忘れられない成功体験は何だったでしょうか？」

「二度と思い出したくないような失敗は何でしょう？」

いくつも質問をされて、その部下の視点で世界を見ることができると、部下への認識が変わっていきます。

自分をただ悩ませる人間（たとえば、自己流のやり方に固執する年上の部下）ではなく、「あぁ、彼が生まれたときに、多分両親は彼のことを満面の笑みで出迎えたんだろうな」と感じられる重層的な「人」として目の前に現れてきます。

セルフトーク・マネジメントにおいては、これを一人で、場合によっては瞬時に行うことになります。

たとえば、自分が常識的な態度をとっているのに、相手から感情的な、威圧的な態度をとられたとき、「どうしよう」とうろたえるのではなく、

「この人はなぜこんな態度をとっているのか？」

「どのような思いが背景にあって、こんな表情をしているのか？」

と、相手の背景を探る質問（セルフトークB）を生み出すようにします。

《質問３》視点を変える質問

目の前にとうてい解決できないほど困難に見える問題があるとします。そのようなときでも、人は問題をそのまま解決しようとしがちです。「どうしたら解決できるんだ」「絶対に無理だろう……」とセルフトークはざわつきます。

しかし一方で、自分の能力が高くなれば、エベレストのように大きく感じていた問題も、近くの丘ぐらいに感じられるようになる、という考え方もあるわけです。

たとえば部下との問題が、なかなか解決できないという上司がいるとします。経験の少ないコーチは、ついクライアントと一緒に「その問題を解決しよう」としてしまいます。そうするとなかなか出口が見つからない。

では、経験豊富なコーチは何をするかというと、一度その問題を脇に置いて、この上司のコミュニケーション能力を上げるようなコーチングをしていきます。能力が上がってしまえば、部下とのコミュニケーションも大した問題ではなくなってしまうからです。**問題の焦点を変えることで、新しい出口が見えてくるわけです。**

同様に、セルフトーク・マネジメントにおいても、時には質問の視点を変えてみることが必要です。

すでに述べたとおり、セルフトークを脳のしくみに則って考えてみれば、セルフトークをつくるのは、その人の前頭葉である可能性が高い。前頭葉が問いを発すると、側頭葉という過去の経験による知恵がつまっているデータベースにアクセスして回答を導きます。いつも同じ問いかけをしていれば、同じ回答しか出てきません。違う問いを投げかけられて初めて、これまでアクセスできなかったところに検索が起こるわけです。**よい問いとは、その人の中に新しい検索を起こすような質問ということになります。**

なお、時間的な余裕がある場合には、心の中のセルフトークを言葉として口に出したり、紙に書き出したりすることもおすすめします。口に出して耳から聴くことで、あるいは書いて目で見ることで、はっきりと自分でセルフトークを意識することができ、（セルフトークの結果である）行動への影響力を増すことができます。

セルフトークを変える例

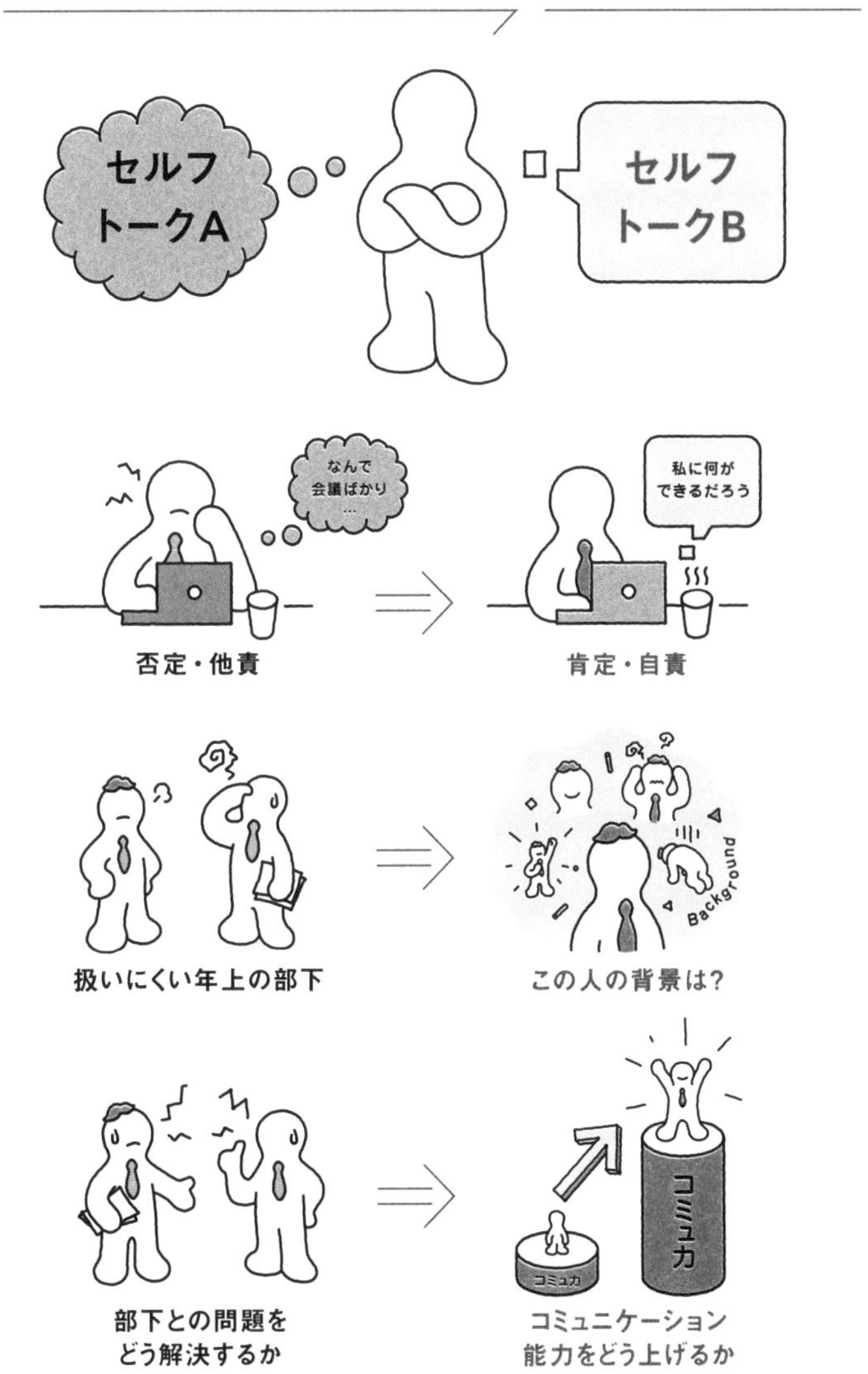

セルフトークのパターンを整理する

ここで、変えるべきネガティブなセルフトークAの「パターン」を整理しておきましょう。心の中に流れるセルフトークは、当然ながら、人によって、状況によってさまざまです。しかし、自分を失わせるセルフトークAは、次の二つのパターンに集約することができます。

●「もし〜しなかったら……?」(if not?)

パターンの一つは、「もし面接に失敗したらどうなるのか?」「スピーチがうけなかったらどうしよう」などといった、不確定なこと(未来)に対する否定質問であり、他責の質問もこれに重なります。

●「どうしてこんなことに？」(why not?)

もう一つのパターンは、たとえばプレゼンや面接でつまずいて、「あれ？　こんなはずでは……」となったり、不本意な状況に巻き込まれ、「なんで私が？」と感じたときに生じているセルフトークAです。すでに確定したこと（過去）に対する否定質問であり、他責の質問もこれに重なります。

なぜ、多様なセルフトークAをこの二種類にまで集約することができるのか。それは、セルフトークが生まれる理由、そしてセルフトーク全体の分類と深く関連します。

すでに説明したとおり、セルフトークは、そのほとんどがアイデンティティを守るために生まれると考えられます（価値観や世界観をアイデンティティに含める考えをとれば、すべてがアイデンティティを守るために生まれます）。

したがって、セルフトークの内容は、「自分」しか基準になりえません。それに対し、環境を含む「自分」以外のすべてを意味するものとして**「他人」**が配置されます。

そして、「自分」も「他人」も含む絶対的な軸として、**「未来」（if）**と**「過去」（why）**という時間が置かれるわけです。

この分類を図にすると、次のページのようになります。

つまり、すべてのセルフトークが、自他の軸（前項で説明したとおり、肯定・否定の軸もこれに重なります）と時間軸によって四つに分類できるわけです。

変えなければいけないセルフトークは二つだけ

そして、セルフトークを「変える」とは、図の下にある二パターンのセルフトークを、上の二パターンのセルフトークに変えるということになります。

そして、そのために有効な質問（セルフトークB）が、たとえば、直接的な「肯定と自責の質問」であり、間接的な「相手の背景を探る質問」「視点を変える質問」です。

変えなければならないセルフトークはたった二つだけ——そう思えば、セルフコントロールもずいぶんと楽に思えるのではないでしょうか。

セルフトークの四区分

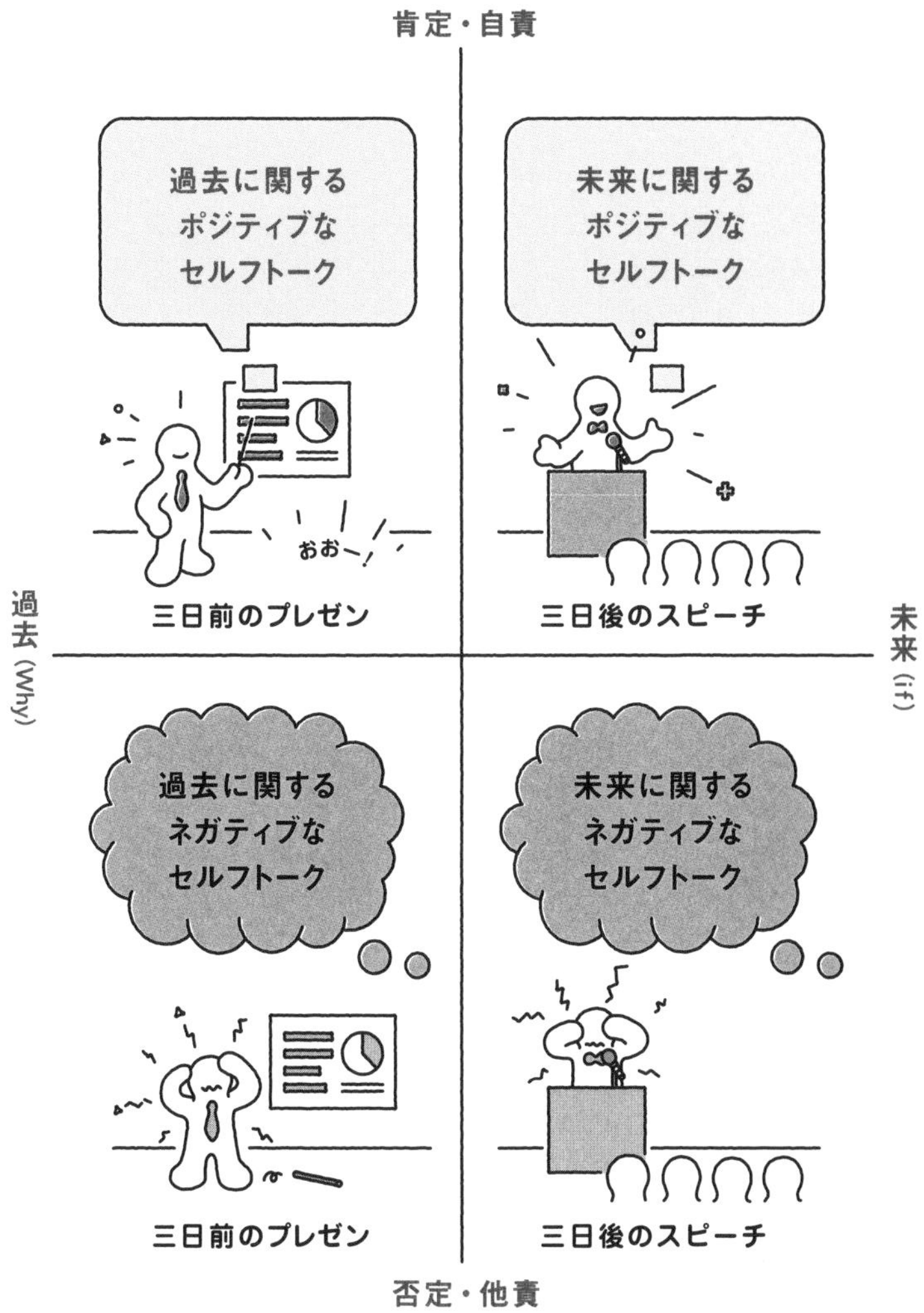
肯定・自責
過去に関する
ポジティブな
セルフトーク
おお
三日前のプレゼン
未来に関する
ポジティブな
セルフトーク
三日後のスピーチ
過去（Why）
未来（if）
過去に関する
ネガティブな
セルフトーク
三日前のプレゼン
未来に関する
ネガティブな
セルフトーク
三日後のスピーチ
否定・他責

まとめ

- 自分がネガティブな状態であるときの原因となっているセルフトークAを認識し、その後で、セルフトークAをセルフトークBに置き換え、反応を対応に変える。
- ネガティブなセルフトークAは、往々にして、「もし～しなかったら……？」（if not?）か「どうしてこんなことに？」（why not?）のどちらかとなりやすい。
- 置き換えるセルフトークの代表例は、「肯定・自責の質問」「相手の背景を探る質問」「視点を変える質問」である。

PART

4

SELF TALK
MANAGEMENT

セルフトークを「使う」

——行動を強化・修正する方法

セルフトークを「使う」とは

この章ではセルフトークを**「使う」**ことについて説明します。

前章でお話ししたセルフトークを「変える」ことと「使う」ことには共通する部分が少なくありません。「セルフトークを変える」とは、生まれてしまったセルフトークAをセルフトークBに置き換えることですから、セルフトークBを使っているということもできるからです。

しかし日常においては、セルフトークAの発生にかかわらず、セルフトークBを使うべき場面がしばしば存在します。

セルフトークを「使う」プロセス

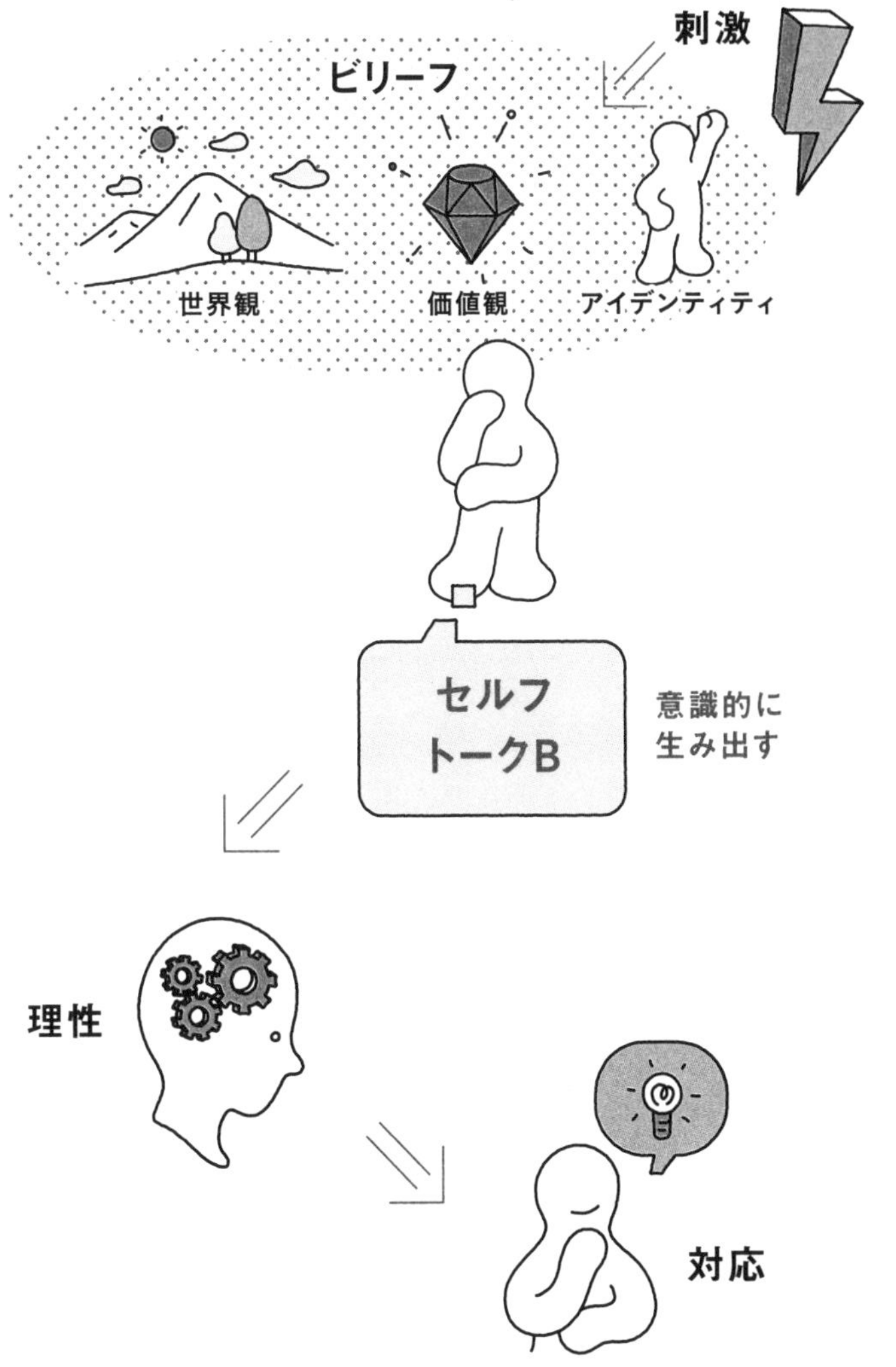

たとえばあなたがプロジェクトを動かすとき、ゴールから逆算して、

「半年の準備期間で何をやる必要があるか？」

「どの部下をメンバーに入れるべきか？」

「どの上司を味方につける必要があるか？」

などと自問自答しながら戦略を練るはずです。セルフトークAにかかわらず、「思考」という形でセルフトークBを使っているわけです。モデル化すると前ページのようになります。

セルフトークBを使って行動を強化する

日常生活でもスポーツでも、意識して行う行動の裏には必ずセルフトークBが存在します。無意識のセルフトークAも同時に数多く発生していますが、行動を起こす際にはスイッチを入れるようにセルフトークBを生み出しているものです。

仕事の要領がよい人、段取りがうまい人というのは、頭の中でつくり出す質問が優れているということができます。仕事上の課題や要素を漏れなくカバーするために、

量的にもセルフトークBが多くなります。頭脳労働であれば、仕事に集中すればするほど、多くのセルフトークBが自分でも認識できないほどのスピードで流れているはずです。

「頭のよさ」については、いろいろな定義付けができると思いますが、「セルフトークの使い方がうまい」ということも一つの説明になるでしょう。

セルフトークを「使う」ことの目的は、このセルフトークBを意識的に生み出すことで、自らの行動を強化し、修正することにあります。

セルフトークBを使って「考える」

セルフトークを、日本語の単語で、ひと言で表現しようとしても、なかなかうまくいきません。その時頭にあるのはセルフトークAか、それともBか、変えるべきものか減らすべきものかなど、その有り様によって、「思い」「考え」であったり、「意思」や「雑念」であったり、さまざまだからです。

しかし、セルフトークBを「使う」というときには、その意味は「考える」ということとほぼ等しくなります。

演出家である鴻上尚史氏は、『発声と身体のレッスン』(白水社)という本の中の「正しい発声とは何か」を説くくだりで、「悩むこと」と「考えること」の違いについて次のように言及しています。

「『悩むこと』とは、『あー、私は発声ができていない。困ったなあ。どーしよう。どーしたらいいの？　ああ、今度の舞台はどうなるのー』と、ウダウダすることです。（中略）『考えること』は、『さて、私は発声ができていない。じゃあ、発声ができている状態ってのは、どんな状態なんだろう。私は、誰が発声ができていると思うんだろう。あの人はどうだろう？　あの人は？』と使った時間だけ、発見や吸収があることです」

悩むというのは、答えを手にしたいのに、その答えが手に入らず、同じところをぐるぐると回っているような状態。**一方、考えるというのは、答えを探すのではなく、答えに至る問いを自分の中で立てるプロセスだということです。**

これをセルフトーク・マネジメントの視点でみれば、悩むとはセルフトークAによる対象への「反応」であり、セルフトークBを使い、考えることで初めて「対応」しているということができます。

この二つの違いを知り、自分は今どちらの状態にいるのかを意識するだけで、知的生産の効率は格段にアップします。

自分が得意な領域では「問い」が立てられる

親会社から子会社に出向し、社長を務められている方のコーチングをしたときのことです。

彼は親会社で、長らく経営企画の仕事に携わっており、ある意味経営のプロです。ですから、子会社をどうすれば財務的に黒字にできるかという戦略づくりに関しては、多くの問いを立てることができます。

「赤字事業から、どうすれば早急に撤退することができるだろうか？」

「協力会社とのコラボレーションを推進するためには、どうすればいいだろうか？」

「協力会社が求めている特典は、どういうものだろうか？」

など、お話をしていると、まさにＭＥＣＥ（ミーシー）：モレなくダブリなしのセルフトークＢが彼の頭の中で次々と展開しているのがよくわかります。

ところが、そうやってつくり上げた戦略を部下がなかなか理解してくれない。つまり自分の想いが社員に伝わらないといいます。

この点については日頃悶々とし、「なぜわかってくれないんだ？」と堂々巡りをしているだけで、問いが立てられていない。部下との関係という刺激に反応して自動的に生まれるセルフトークAになってしまっているわけです。

企業戦略については「考えている」わけですが、社員にどう伝えるかについては「悩んでいる」わけです。そして、「悩んでいる」ときも、自分は「考えている」と思いこんでいる。

人は、得意な領域については意識的・無意識的にさまざまな種類の問いを立て、考える（セルフトークBを使う）ことができますが、不得意な領域については悩む（セルフトークAに身を任せる）ことに終始してしまう。問いを立てられないからこそ不得意になるともいえます。

あなたは、何について考え、何について悩んでいるでしょうか（あるいは、あなたの頭の中にあるのは、セルフトークAとBのどちらでしょうか）？

問いが立てられる領域では、実際にどのような問いを立てているのか、棚卸しをしてみましょう。

そして次に、問いが立てられない領域を見つけ、そこではどのような問いを立てられるかについて検討してみてください。

セルフトークBは「使い続ける」ことが重要

セルフトークを使って考える際には、意識しておいていただきたい重要なことがあります。それは、セルフトークを「使い続ける」ということです。

弊社コーチ・エィには、さまざまな経歴をもった社員がコーチとして勤めているのですが、前職は大手のコンサルティング・ファームで活躍していた若手のコーチから質問を受けたことがあります。

「鈴木さん、コーチングでもっとも大事なことはなんですか?」

何と答えるべきか一瞬迷いましたが、彼の経歴を考え、次のように答えました。

「わかったつもりにならないこと、じゃない」

「わかったつもりにならない？」

「そう。わかってしまうとそれ以上聞きようがないよね。どれだけ長く目の前の人のことをわからないでいられるか、それがコーチとしては大事だと思うんだよね」

相手の状況を、できる限り早く正確に「わかる」ことを仕事としてきた彼にとって、これはカルチャーショックだったようです。


ビジョン、ビリーフ、反応パターン……コーチはできる限り深くクライアントのことを知りたいと思っています。**しかし、相手のことが「わかった」と思ったときから、それ以上に知ることができなくなります。**たとえそれまで十分に時間をかけていたとしても、「レッテル」をはった状態（157ページ参照）になってしまうわけです。

ですから、よいコーチというのは、決してクライアントを「わかったつもり」になりません。常に、相手に関する質問をセルフトークBとしてつくり続けています。

セルフトークBを「使って」常に考え続ける

これは、当然ながらコーチに限った話ではありません。

以前当社の創業者である伊藤守に、よいリーダーの条件を聞いたときのことです。

伊藤は一つ確実な答えがあると言い、続けました。

「よいリーダーは、常に〝よいリーダーとは何か？〟を考え続けている」

ただ「考える」というだけでなく、セルフトークを「使って」考えることのメリットは、それがセルフトークAとの対比で、意識的に続けられやすいということです。

どの分野でもうまくいっている人というのは、常に「自分はどうすべきか？」「どうあるべきか？」という質問をつくり続けているように思います。

セルフトークBは行動のスイッチになる

コーチは、クライアントから依頼されてコーチングを行いますから、基本的には協力的な方を相手とすることになります。しかし、時には挑戦的な方と向き合わなくてはならないこともあります。

ある通信会社の風土改革プロジェクトを手がけていたときのことです。経営陣と現場の対立、セクショナリズムの横行、世代間のギャップの拡大。社内には淀んだ空気が流れ、社員のモチベーションは下がる一方でした。

その会社の部長を二〇人ほど集め、風土を改革するために何ができるのか、私をコーチとして二日間のグループセッションを行いました。初日の朝、眉間に皺を寄せた部長たちが、口角を下げ、挑むような目を私に向けながら座っていました。彼らの顔に書いてありました。

「このくそ忙しいのに、何をやらせようっていうんだ！」

彼らの表情を前にして、自分の息が少し浅くなるのを感じました。肩と首の周辺は明らかに硬くなっていました。セッションが始まるまでの間、何度か彼らに気づかれないように息を細く長く吐き出しました。

部長たちに、全社員にウェブ上で回答してもらったアンケートを基に作成した風土診断シートを読み込んでもらったあと、まず私から聞きました。

「感想はどうですか？」

腕組みしてこちらをにらんだまま、部長たちは誰一人としてその問いに答えようとしません。二〇秒近く待ったでしょうか。相変わらず、ほとんどの部長はまじろぎもせずこちらを凝視していました。私は、胸の辺りに鈍い重さを感じ始めました。

その胸の重さを取り払うために、後ろの列に座っていた、少し小太りの部長に話しかけました。

「部長がどうしたいのかということが大事だと思います。どんなwantsをもっているかが。どうしていきたいですか？」

はぐらかすように、にやにやと笑いながらその部長は答えました。

「普通の生活でいいですよ」

彼のその一言が、私の心にスイッチを入れました。「逃げない」そんなセルフトークBを心に浮かべたのです。

そして、視線を少し強くして彼に問いかけました。

「何を基準にして普通というのですか？」

「まっ、ほら家庭が温かければいいかなと」

〝よくやった〟と言わんばかりに周囲の部長たちがニヤニヤと笑いました。

他には一切目もくれずに、その小太りの部長だけを見続けて私は聞きました。

「仕事では何かありませんか？　wantsが」

「子供が受験なので、やっぱりお金がたくさんほしいかな」

周りがどっと笑いました。手をたたく人さえありました。その笑いを裂き、大きく一歩彼のほうに踏み出し、視線をさらに強くして言いました。

「もし私が部下で、上司であるあなたに、部長はどういうビジョンをもっていますかと聞いてもそういう答え方をするんですか！　○○さんは一般社員じゃないんですよ、部長なんですよ！　あなたたち次第で会社は変わるんじゃないんですか！　部長としての意見を聞かせてくれませんか！」

彼は私の強い言い回しに虚を突かれたようでした。そして少し上ずった声になりながら、「そっ、そうですね……仕事では……」と仕事でどうしていきたいかを語り始めました。周りの部長たちも真剣な面持ちで彼を見ていました——。

自分にスイッチを入れるセルフトークBを用意する

このように、コーチとして厳しい態度であたらなければならないときには、当然ですが臆するわけにはいきません。ここで「逃げない」という言葉を使ったように、自分にスイッチを入れるセルフトークBをいくつか用意しています。講演の前に使うもの、コーチングの途中で使うもの、会社の朝礼の前に使うもの、などいろいろとあります。

たとえば講演の前には、セルフトークBを使い、開演の五分前まで頭の中でその日のシミュレーションをしますが、五分前になったらすっぱりと止めて、セルフトークを減らすこと（PART5参照）に注力します。

その際のスイッチは「fear into power」（恐れを力に）で、このセルフトークBを浮かべると集中モードに入りやすくなります。

英語にしているのは、日本語よりも「他者からの勇気づけ」といった印象が強くなるからです。そのほうが私にとっては、ここ一番というときに心地いい。英語であることが重要なのではありませんし、その内容も自由です（もちろん、肯定的・自責のものでなければなりませんが）。

ポイントは、いつ、どのような状況で、どのセルフトークBを使うのかを定めているということです。セルフトークBに力をもたせるためには、いつでもその状況になったときに、同じセルフトークBを生み出せるように準備しておくことです。

時には失敗することもあるでしょう。しかし、ルーティンとして繰り返すことで、成功体験と結びついて自分自身の中に蓄積されていきます。そして時間とともに強力なスイッチに成長していきます。

セルフトークBで
無意識の行動をコントロールする

緊張しているとき、多くの人の心には、「緊張してはいけない」というセルフトークAが生まれています。これらのセルフトークAが否定文、否定質問であることはすでに説明したとおりです。

ところが、否定文には、否定している対象を呼び起こす力があります。なぜなら、否定文をつくる際には、否定されているものを実際に思い浮かべないと言葉にできないからです。たとえば「絶対にサルを思い浮かべるな」と言われると、反射的にサルを思い浮かべてしまうようにです。これが、セルフトークAが緊張や不安をより強くする理由です。

しかし、このしくみを逆手にとり、セルフトークBを使った逆説療法を自分に施すことができます。逆説療法とは、あることを修正したいと思ったら、それを否定せず、むしろとことん推し進めてみようとすることです。緊張に対処する場合でいえば、「緊張するな」という通常のセルフトークAとは逆に、「よーし、もっと緊張しろ！」というセルフトークBをつくります。

「手は震えろ」「顔よ、赤くなれ」「汗はどんどん噴き出せ」……。緊張の兆し（セルフトークA）を感じたら、このようなセルフトークBへと変化させます。**すると、自分を客観的に見ることができるようになります。**汗が噴き出ている自分やドキドキしている自分を外側から見ることができ、それは少し「可笑《おか》しさ」を呼び起こし、緊張のレベルが下がります。

そのようなセルフトークBを、緊張を感じるような場面の前に必ずつくり出す「スイッチ」としておくのもよいでしょう。セルフトークAが出てくる前に、セルフトークBでブロックしておくわけです。

「無意識の」行動を「意識的に」行うことでコントロールする

逆説療法は、クセを直すような場合にも、大きな力を発揮します。

ある大手企業の部長のコーチングで、

「どのようなテーマがありますか？」

とお聞きすると、

「部下がもっと提案や意見を自由に言い合えるような部にしていきたいんですよね」

と答えられました。

その部長は、決して人の話を聞かないタイプではないのですが、相手を見るときに下から突き上げるように視線を送ってしまう。これでは部下は話しにくいだろうと思い、聞いてみました。

「ご自分が人を斜めににらんでいらっしゃることに、お気づきですか？」

少し照れたような笑いを浮かべて部長は言いました。

「ええ気づいてますよ。これじゃあ部下は話しにくいですよね。でも、長年この顔でやってきましたから……。わかってはいるんだけど、なかなか変えられないんですよ」

「変えなくていいんじゃないですか」

部長はきょとんとした顔になりました。

「変えなくていいんですか？」

「変えなくていいんですよ。変えようと思うとつらいじゃないですか。おっしゃるように長年そうしてきたわけだし。そう簡単には変わらないですよ。ただ、一つお願いがあるんです。この一週間、すごく『かっこよく』にらんでほしいんです。歌舞伎役者が見得を切るような感じで、かっこよく。バシっと」

部長はなにがなんだかわからないような顔をしていましたが、とりあえず「わかりました」と答えてオフィスへと帰っていきました。

さてそれから三か月。その部長の部下の方にお会いする機会がありました。彼は喜色満面で話してくれました。

「鈴木さん、うちの部長、なんか変わりましたよ。話しかけやすくなりました」

部長はいつも「無意識に」部下を斜めににらんでいたわけです。それを「もっとかっこよく」とリクエストすることで、部長の中にセルフトークBが生まれ、「意識的に」にらみを利かせることができるようになりました。

それによって、今まではコントロールの利かなかったにらみが、コントロールできるものになったわけです。結果として、人を斜めににらむことをやめるという選択肢も選ぶことができるようになりました。

もし私が「優しい表情をしてください」と言っていたら、表情をコントロールできないという気持ちがより強くなって、表情を変えるということを諦めてしまっていたかもしれません。

今行っていることを止めるのではなく、セルフトークBを使い、もっと「うまく」することによって、クセや行動を自分でコントロールできるようになるわけです。

セルフトークBを生み出す言葉をつくり、共有する

セルフトークに着目し、使われていると思われる例を紹介します。

駅員さんへの暴力や乗客同士のトラブルを防止するためのポスターを駅で見かけることがあります。そのポスターには、「暴力行為のその先は?」とか、赤ちゃんの写真とともに「あなたの大切な人はどうなるでしょう?」などと書かれています。

これらのポスターには、見た人の中にセルフトークBをつくり出す力があるのかもしれません。コーチが、質問をすることでクライアントの中にセルフトークBを呼び起こすのと同じように。

頭に血が上った人にとっては、「暴力行為のその先は?」という問いかけが、我に

返り、感情を動かすセルフトークとなれるわけです。

社是・社訓、モットーなどもセルフトークに影響を与えるものです。

昔から好きなイタリアンのお店があるのですが、このお店の特徴は、とにかく店員さんが、お客様を楽しませようという気持ちに溢れているところにあります。

カルボナーラを注文すれば
「今日は気持ちを込めて黒胡椒をふっておきましたから」

カクテルを注文すれば
「このカクテルを飲むと、情熱的になりますよ」

それを皮切りに会話が弾むわけです。

仲良くなった店員さんに、どんな研修をしているのかと聞くと、気軽に教えてくれました。

「いえ、研修は特にないんです。ただ、お客様のテーブルに行ったら、必ずなんでもいいからお客様に楽しんでいただけるような話をしてきなさいと言われています。だから考えるんですよね。どうすれば、楽しい会話ができるかと」

彼らに与えられていたのは、短くシンプルだけれども、肯定的で、自分の力で実現することを求めるリクエストでした。

これによって、

「自分が何をすれば、もっとお客様を楽しませることができるだろう？」

「どんな会話をお客様は望んでいるだろう？」

という肯定的な問いかけが店員さんの中に生まれ、店内に素晴らしい雰囲気をつくる要因となっていたわけです。

もし、これが「～をしてはいけない」という否定的な指示だったらどうでしょうか。お客を惹きつける雰囲気ではなく、画一的な、どこか張り詰めたマニュアル対応を生み出していたことでしょう。

社是や社訓、目標をつくる際には、その言葉がどのようなセルフトークを社員の中につくり出すのかを十分に吟味し、肯定的な、自責の気持ちを引き起こすものにするのがよいでしょう。

PART 4

まとめ

- セルフトークBを意図的に生み出して「使う」ことで、自らの行動を強化したり、修正したりすることができる。
- 人は得意な領域では、セルフトークBを使い「考える」ことができるが、不得意な領域では、セルフトークAに身を任せ「悩んで」しまう。
- いつ、どのような状況でセルフトークBを使うとよいか、あるいは使い続けるとよいか、あらかじめ定めておくとよい。

PART

5

SELF TALK
MANAGEMENT

セルフトークを「減らす」

——集中力を高める方法

セルフトークを「減らす」とは

セルフトークを**「減らす」**ということには、二つの意味があります。一つは、すでに生まれてしまったセルフトークAを減らすということ。もう一つは、セルフトークAが発生しないようにする（そして、不安や緊張、恐怖といったネガティブな感情がそもそも起こらないようにする）ということです。

まず前者についてです。

ほとんどの状況において、セルフトークAは、ただ消すのではなく、セルフトークBをつくり出し、それに置き換えることで感情や行動を変えることにつなげます。つ

セルフトークは認識して「減らす」

まり、セルフトークBに「変える」ことが、生まれてしまったセルフトークAへの対処法になるということです。

しかし、ストレスレベルがあまりにも高いとき（つまりセルフトークAが非常に多いとき）や、就寝前などでセルフトークを「変えて」行動を起こさなくてもよいときなどは、セルフトークを「減らす」ことに専念してみてもよいでしょう。

セルフトークAは認識することで減らせる

生まれてしまったセルフトークAを消す方法は、まずシンプルに、セルフトークを認識することです。セルフトークAがセルフトークAであるためには（感情や行動を左右する力をもつためには）、「無意識」のものである必要があります。無意識のものであるが故に知らず知らずの内に影響されてしまうわけです。

意識し、言語化できたとき、セルフトークAは「解決すべき一つの課題」にすぎなくなります。

たとえば、座禅、内観、瞑想といった自分の内側と向き合う行為の目的は、自分の中にある無意識の言葉の存在に気づくこと、つまりセルフトークAを認識し、減らしていくことだとも言えると思います。

誰でもそうだと思うのですが、一定期間忙しく働いていると、頭の中はパソコンのデスクトップに名無しのアイコンがたくさん並んでいるような、あまり気持ちのよくない状態になります。さまざまなことがバラバラに並んでいて、それを記憶したり考えたりするために多くのメモリが使われているといった感覚です。これを一つずつ消していき、きれいな状態にする。瞑想にはそんな効能があります。

私自身、時に瞑想をするのですが、その時は、尾骨を立てるように背筋をピンと伸ばして座ります。いつもと同じ環境を守ること、同じ手順を踏むことを大切にしています。同じマットを同じ場所に敷いて、同じ手と足の組み方をし、背筋をまっすぐにして、ゆっくり目を閉じて息を吐く。

座ってからは、こんなイメージを描きます。

真っ青な晴れた空に雲が流れていくように、自分のセルフトークAが生まれては消えていくのをただ眺めている。最初は、流れるというよりも、かなりのスピードで点滅するように浮かんできます。言葉として捉えられているわけではなく、ネガティブなものもポジティブなものも、ただ「ある」ことはわかります。

ただ「ある」ことを感じ、浮かぶのをただ眺めていると、一つずつゆっくりと流れるようになってきます。そうすると一つひとつ、そのセルフトークAの存在を言葉として認識できるようになります。

認識すると、そのセルフトークAは消えていきます。動きがどんどんゆっくりになっていって、最後には晴れた空だけ。雑念が薄らいだ状態になります。

かしこまってやる必要はありません。セルフトークAを認識する方法は何でもけっこうです。お風呂に入ってリラックスしながらでもいいですし、静かな音楽を聴きながらでもよいでしょう。自分なりの方法でセルフトークAに向き合ってみてください。

セルフトークAを生まないように
心と身体を整える

ここからは、セルフトークAを発生させないようにするという意味での「減らす」方法をお話ししましょう。ネガティブな感情を引き起こし、自分のコントロールを失わせるセルフトークAは、そもそも発生させないのが一番ですから、この方法が、セルフトーク・マネジメントにおいてもっとも重要なものといえるかもしれません。

まず、雑念やネガティブな感情を導くセルフトークAが生まれやすいのは、ストレスレベルが高かったり、体調が悪かったりするときです。したがって、ストレスレベルが高いときにはそれを下げ、体調が悪いときには回復に努めることが何より重要です。

経営者の方をコーチングしていると、多くの人が「自分はまだまだ大丈夫」「やる気を出せばなんとかなる」と気力を回復させようとしています。

しかし、それでは一時的な気休めにしかなりません。健康維持に配慮し、体力向上のために運動をするほうが、よほど効果的です。健康で体力があれば、セルフトークAが生まれても対応する余裕がありますし、何より余分なセルフトークAが生まれにくくなります。

自分のストレス状態を認識する

ストレスについては、なくそうとするよりも、自分の状態を認識することに心を砕くことが大事です。ストレスレベルが高い状態というのは、セルフトークAが多い状態をもたらす可能性が高いものです。自分が何にストレスを感じているのかを知ることとは、セルフトーク・マネジメントにおいて欠かすことはできません。

なお、ストレスを認識する際には、個別の分析だけでなく、自分のストレスの総量がどれくらいであるのか、数値化してみるのもよいかもしれません。目に見えないストレスレベルを数値化するだけで、自分の中で自動矯正が起こりえます。

主観的な数値でかまいません、自分がもっとも快適な状態（ストレスのない状態）を0《ゼロ》とすると、今は何点でしょうか。「今は八〇点くらい。かなりたまっている」「今は三〇点、これくらいだとまだ気持ちがラク」。これだけでも、自分のストレスをある程度調整できます。あるいは「今は小さなことで腹が立ちやすい状態だから気をつけよう」と、意識的に感情の爆発を制御できるようになります。

ストレスは自分で「終わらせる」

また、ストレスレベルを低く保つには、「その気になればいつでも気分転換ができる」という捉え方をするのも有効です。

脳科学者の池谷裕二氏も、「ストレスは自分で〝終わらせる〟ことができると思えば、それほど強いストレスにはならないが、ずっと続くと思うと非常に強いストレスになる」という趣旨のことを著作で書かれています。

つまり、いつでも気分転換できると思っている人は、ストレスを「始まりと終わりがあるもの」と俯瞰して見ることができ、耐性が強くなりますが、転機は偶然にしか訪れないと思っている人にとっては、ストレスは長く苦しいものとなります。

コーチングのクライアントには、気持ちの切り替えがとても上手な方がいます。ある経営者の方は、会社を出て、一番近くの横断歩道をわたる瞬間に、完全に仕事のことは忘れるといいます。駅前のとても広い道をわたる横断歩道なのですが、わたっている間に、だんだんと仕事が後ろに過ぎ去っていくそうです。そして、わたり終わったらもう違う世界にいる。次期社長と目されている大手電気会社の役員です。

会社の最寄駅に着いた瞬間にネクタイを外すという方もいます。ネクタイを外すと、公人から完全に私人になることをイメージするそうです。大手証券会社の役員の方です。そして、彼らは家に着いたらそれぞれに没頭できる趣味をもっています。

どんなにたいへんな一日であっても、自分でそれを終わらせることができるという確信が、彼らの内面を安定させているわけです。

ルーティンやアンカーをつくり、毎回行う

突然ですが、NPBおよびメジャーリーグで活躍したイチロー選手が打席に立つシーンを想像してみてください。

腕を伸ばし、バットをセンター方向へ向けて、ぐるっと回して構える。

あの動作は、セルフトークAを減らし、集中力を上げるために行っていたのかもしれません。

バットをセンター方向に向けることそのものに大きな効果があるわけではないように思います。打席において「決まった動作をとる」こと、つまりルーティン（routine）を守ることに意味があるのではないでしょうか。

チームの優勝がかかった打席であれ、シーズン最多安打記録に挑戦する打席であれ、どんな状況の打席であってもルーティンを守ることはできます。腕を伸ばし、バットをセンター方向へ向けてから構える。この動作に失敗はありません。**そうした、「絶対に失敗しないこと」を粛々と行うことで、自分の中のセルフトークAを減らし、また、生まれないようにすることが可能になります。**

どのような場面でも動じることのないように見えたイチロー選手ですが、実際には、自分の中の恐れや緊張を明確に意識していたからこそ、あのようなルーティンを生み出し実践していたのかもしれません。

うまくいったときの行動からルーティンをつくる

ルーティンは、もちろん私たちの世界にも取り入れることができます。

たとえば、就職活動の時期に（もちろん転職の時も）、何日も連続で面接があるとします。そのような時に一度でもうまくいったら、なぜうまくいったのかを考え、うまくいった原因とリンクすると思われること——たとえば座る前に深呼吸をしたからゆっくりと話すことができた、面接官の顔を左から順に見ていったら緊張しなかった——を、ルーティンとして必ず守るようにします。

はっきりいえば、ルーティンは何でもいいのです。大切なのは、ルーティンとして必ず行うことです。

ところが、面接に少し慣れてきたというくらいで、今日は大丈夫だと思ってルーティンを抜いてしまう。そうすると、面接官の前に座った瞬間に、緊張している、鼓動が速くなっていることに気づくわけです。「あれ？　おかしいな」と思い、「どうしてこうなっちゃったんだろう？」というセルフトークAが始まってしまいます。

イチロー選手ですらルーティンを守っていた——この点をぜひ忘れないようにしていただければと思います。

ちなみに、ルーティンをつくることの効果は、「アンカー」という技術にも応用されています。

アンカーとは、NLP（神経言語プログラミング）というコミュニケーション技術におけるテクニックの一つです。

たとえば、十分にリラックスできている状態の時に、感覚的な刺激を身体に与えるようにします。ここでは仮に、こぶしを握るというポーズを取るとしましょう。それを何度も繰り返していると、たとえ緊張を強いられるような状況でも、こぶしを握るだけでリラックスした状態になれるというものです。

アンカーは、条件反射のしくみを利用したものと説明されており、その有効性は、有名な「パブロフの犬」の実験の話や、赤信号を見たときに反射的に止まってしまう私たちの習性を振り返ると納得できるものであると思います。

ルーティン、アンカーはセルフコントロールにおいて有効なテクニックですので、ぜひ取り入れていただければと思います。

アイデンティティを正しく理解する

セルフトークが生まれるプロセスとして、人は、アイデンティティに刺激を受けると、無意識にセルフトークAを生じさせて自分を守ろうとすることをお話ししました。

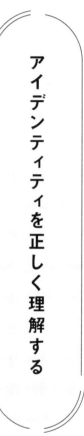

しかし、あなたが大切に守っているアイデンティティは、本当にそこまで貴重な、唯一無二のものなのでしょうか？　アイデンティティを過剰に守ろうとすると、必要以上のセルフトークAを抱えることになってしまいます。

端的にいえば、あなたが大切にしているアイデンティティとは、あなたと他人との

「間」に立ち現れてくるものに過ぎません。あなた一人の中だけに存在する絶対的なものではなく、あなたと他人との関係性のうえに成立する相対的なものです。

相対的なものであるはずのアイデンティティに強く執着してしまうと、社会生活に支障すら出てきます。社長さんなどが家に帰ってもミーティングを開いてしまったり、警察官の人がデートなのに思わず敬礼をしてしまったり……。

笑い話のようですが、そこまで「アイデンティティ＝自分」と思っていると、相当セルフトークAが発生しやすくなっているはずです。少しでも部下に反対されると激昂してしまったり、ささいなミスで自分を追い込んでしまったり。

アイデンティティは変えてもいい「役割」だと認識する

一方、アイデンティティとは場に応じて変えてもいい「役割」だ、という認識をもっていると、セルフトークAは発生しにくくなります。会社での役割はこうだけど、家での役割はこう、夫婦だけになったらこうだ、というようにです。

アイデンティティはまとうものであり、刺激を受けたとしても、決して内側にある

「本当の自分」が傷つくわけではない――そう考えれば、セルフトークAの発生はず

いぶん抑えられるのではないでしょうか。

ではアイデンティティではない、「本当の自分」とは何なのでしょうか？ これはあくまでも一つの考え方ですが、私たちがまとっている何枚もの役割（アイデンティティ）の奥には、無色透明な「純粋な自己」があるように思います。ですが、幼児の時の自分の意識を思い出すことができないように、幾重もの役割に包まれた「純粋な自己」を認識することは通常できません。

しかし、だからこそ、本当の自分が損なわれることは決してない。刺激を受けるのは、役割としてのアイデンティティに過ぎない。そう考えることがセルフトークAを抑えるには有効です。

アイデンティティと純粋な自己のイメージ

アイデンティティ

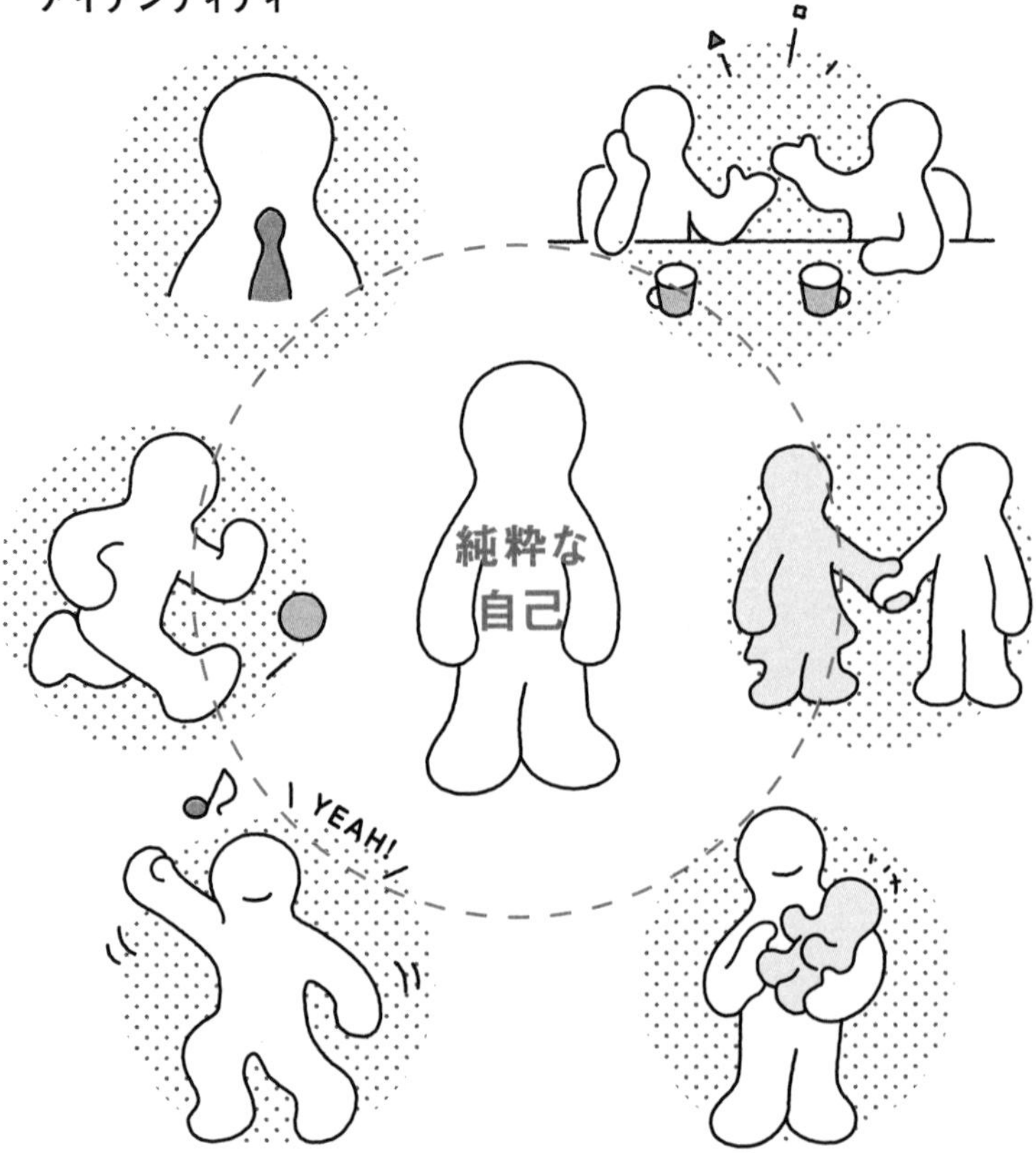

自分を守るのではなく、相手のことを考える

ネガティブなセルフトークAが生まれやすい、マインド（心構え）というものがあります。

特に、自分を守ろうとしているときのセルフトークは、ほぼ確実にネガティブなセルフトークAになりやすい。プレゼンや就職の面接の前に生まれる「失敗したらどうしよう」というセルフトークAは、たいてい「失敗したら**私は**どうなるんだ」と心配しているわけで、こうなると緊張へまっしぐらです。

人が自分の実力を最大限に発揮できるのは、おおむね誰か他の人のために行動する

場合です。自分のためだけに働くときのパフォーマンスは、（他の条件が同じなら）誰かのために働くときのパフォーマンスを確実に下回ります。これは、集団でしか生存できない、人間としての生物的な特徴です。

母親が強いと言われるのは「子どものために」と思って行動するからです。宗教を信じる人があれほど熱心に勧誘できるのも、真剣に世界やあなたのためになると考えているからです。

ですから、スピーチでもプレゼンでも、

「みんなにいいところを見せたい」

「できる人間だと思われたい」

というセルフトークAが生まれたら要注意です。すぐに、

「主賓や出席者のためには何を伝えるのが役に立つか？」

「どう話せば、相手にこの商品のよさを理解してもらい、相手の仕事をより快適にすることができるか？」

と、どのように相手に貢献できるかに焦点を変えてみることをおすすめします。

指揮者ザンダーのところでお話しした「第三の道を選ぶ」ということを思い出してください。**どうすれば相手の可能性を拓くことができるのか、そう考えることが、自分の可能性を拓くことにも通じます。**

たとえばスピーチの時、「私から相手に話しかける」と思うから、守る対象として「私」が生まれてしまいますし、緊張もします。

ですから、話す「私」と聞く「あなた」を区別せず、「私たち」という全体をイメージするようにします。「私たちの中で話し合っているんだ」「私たちが成功するためにはこうしたい……」――そんなセルフトークをつくり出すことができれば、緊張することは少なくなるはずです。

話の内容はすべて「自分が言いたいこと(want)」にする

また、セルフトークAを防ぐためには、話の内容にも注意すべきです。自分の言葉を、すべて**自分が言いたいこと(want)**にする、これが鉄則です。形式として**言わなければならないこと(must)**が入れば入るほどセルフトークAが生まれ、緊張しやすくなります。

なぜなら、決まり文句のようなmustを話しているとき、人は自分の頭を精一杯使っていないため、他のことを考えてしまうことが多いからです。

たとえば、電話口で社名を名乗ったり、「お世話になっております」と言っているとき、頭の中ではまったく別のことを考えている、という覚えは誰にでもあると思います。そして、他のことを考えているということは、セルフトークが生まれやすいということと同じです。

一方、wantを話しているとき、人は自分の頭を精一杯使っており、余分なセルフトークが生まれる余地はありません。

過去にさまざまなプレゼンテーションの本を読みましたが、もっともよかったと思うのはデール・カーネギーの『話し方入門』（創元社）です。

この中で、アメリカ大統領・リンカーンについて触れている箇所があります。リンカーンはゲティスバーグの演説などで有名な優れたスピーカーです。彼のスピーチに関するスタンスは一貫していました。

スピーチで緊張しないための一番の得策は、話したいことだらけにすること。全部本当に伝えたいと思うことばかりだったら、緊張なんかしようがない。だからスピーチの前には、本当にそのスピーチが自分の話したいことになっているか、話したいことに満ちているかということだけを何度も確認しよう。——そうした趣旨のことを述べています。

本当におもしろいと思っていること、伝えたいことを話しているとき、人は夢中になっているはずです。「電車の中で、私、見ちゃったのよ！」というとき、「知ってる？知ってる？」と話したくて仕方がないときに緊張する人はまずいません。

同じように、すべて話したくて仕方がないというレベルに自分のスピーチ原稿をつくり上げることができたら、まず緊張することはないでしょう。また、そのスピーチも、自然とあなたらしい素晴らしいものになっていくはずです。

現実に対して期待をしない

セルフトークAが生まれやすい状況として、「自分の期待や予想と現実が異なる場合」があります。

人に対して抱いていた期待を現実が下回ってしまうと、「なんでこんなこともやってくれないんだ」「なんでそういう言い方をするのかな？」と怒りや悲しみがわいてきます。逆に、現実が期待を上回れば「そこまでやってくれるのか！」と思わず喜んだり、ときには感動さえしたりするわけです。

再び「人と話すこと」を例にお話ししますが、スピーチにおいても、期待が失敗の原因となることは非常に多い。

私自身のことですが、これまで二〇〇〇回以上の講演やセミナーを経験しており、今でこそ目も当てられないような失敗をすることはなくなりましたが、当初はしばしば期待が原因になり、自分を失いかけたものです。「この場面で笑ってほしい」とか「ここで大きくうなずいてほしい」と期待すると、その通りにならなかったときに心が揺らぐわけです。

「あれ？　おかしいな」「笑ってない、まずい」「話が伝わらなかったかな……」とセルフトークAが次々に生まれてきます。

自分のスピーカーとしての成長を感じられたのは、聞き手に期待することをある程度やめられたときでした。**講演のコツは、聞き手に「媚びない、すりよらない、期待しない」ことだと気がついたのです。**

注意したいのは、期待は無意識にしてしまうということです。

特に、家族や同僚のようにいつも一緒にいる人には、ついつい期待をしてしまいます。言わなくてもわかってくれると思ってしまう、いちいち指示をしなくてもやってくれると思ってしまう。すると、その期待が裏切られたときに感情的な言葉を口にしやすい。

そうした甘えが許されるのが家族や友人といった間柄なのでしょうが、親しい仲を壊すのが甘えであることも世の常です。

期待が裏切られたから、自分は反応してしまったのだという理屈を知っておけば、その行動を改めるのはずいぶんと楽になるはずです。

他人にはったレッテルを質問ではがす

これまで数多くの企業のマネジャーと話をしてきました。

「ひと言で言うと、どのような課題がありますか？」と聞くと、もっとも多く返ってくる答えが、「部下が〇〇で困る」というものです。部下が受身で困る。部下が考えなくて困る。部下が言われたことしかやらなくて困る。部下が自分の実力を過大評価して困る。部下が仕事ができなくて困る……。

先日もあるマネジャーとこんなやりとりをしました。

「部下が受身で困るんですよ」

「どうして受身だということがわかったんですか？」

「自分からアイディアを出してこないからです」

「自分からアイディアを出してこないということが、どのように受身であるということにつながるのでしょうか？」

「積極的であれば自分からアイディアを出してきますよね」

「そうですね。積極的であればアイディアを出す可能性は確かに高いですよね。ですが、アイディアが出ないから受身と判断するのは早急ではないですか？」

「……そう言われると、そうかもしれませんね」

「彼が積極的に振る舞うのはどんな場面でしょう？」

「そういえば、最近入ってきた後輩の面倒はよくみているみたいですね」

「そうなんですね」


多くの方とやりとりをしてきましたが、このような展開になることが多くあります。

人は周りの人を「概念化」して捉える傾向があります。簡単に言えばレッテルをは

りがちなわけです。

「この人は私との約束を破った、だから嘘つき」——約束を破ったのは今回だけのこととするよりも、嘘つきというその人の特性にまで昇華させることで、「次は注意してかかれよ」というメッセージを自分自身に送ることができるからです。

このように、一般的に人は、非常に少ないデータで人の傾向自体を判断しようとします。場合によっては一瞬で、出会った瞬間にレッテルをはることになります。いわゆる「第一印象」です。

ポジティブなレッテルはポジティブなセルフトークAを、ネガティブなレッテルは、ネガティブなセルフトークAを生み出す元になります。

「この部下は自分に挨拶にこない、だから反抗的」

「この人には以前、感情的に怒られた、だから、この人は自分を嫌っている」

一つの言葉で相手を括《くく》ることになるので、事実を正確に捉えられなくなるわけです。「この部下は受身」と決めてしまったら、部下の長所や強みは一切見えなくなってしまいます。

ですから、「部下が〇〇だ」という表現をマネジャーから聞いたら、その場で質問するようにしています。

「どこでそう思ったのか？　その判断を導き出すのに、どれだけ十分なデータがあるのか？　その判断をくつがえすようなデータはないのか？」

そして、コーチに頼らず自力でレッテルをはがす際には、これらの質問をセルフトークBとして、自ら投げかけていくことになります。

「未完了」を減らし、自己の基盤を強くする

もう一〇年以上前、コーチングのビジネスを始める前に、アメリカからコーチングのトレーナーを呼び、トレーニングを受けたときのことです。

今でもそのやりとりを鮮明に覚えているのですが、トレーナーが私たちの前でコーチングのデモンストレーションをしていて、デモの相手役に対して非常に的確なフィードバックをし続けたのです。

聞くべきことを最高のタイミングで質問していく。相手役の人も次々に「気づき」が起こっていく。トレーナーの実力は目を見張るほど優れたものでした。

デモのあと、一人の参加者が、どうしてそんな的確なフィードバックができるのかと尋ねたところ、彼は「僕は日常に未完了が少ない」と答えました。自分のエネルギーを消費する未完了——やり残したこと——が少ないから、目の前の人がよく見えるし、的確なフィードバックができるのだと。

彼の答えを補足すると、「未完了はセルフトークAを生む」ということになると思います。

仕事のやり残し、家事の手抜き、言おうとして言えなかったこと……自分では忘れているつもりでも、それらが小さなトゲとなって無意識のセルフトークAを発生させ、集中力を削いでいます。

「未完了」のないコミュニケーションを目指す

注意したいのは、「人間関係における未完了」です。これは、他の未完了と異なり、形に残りません。

三か月も掃除をしなければ部屋はたいへんなことになりますが、言えなかったこと、やらなかったことは、記憶から薄れていくだけのようにも思えます。

しかし、かすかではあってもトゲは必ず残り、汚い部屋と同様にあなたの心を重くします。

逆にいえば、未完了がないコミュニケーションは、たいへん魅力的です。

言いたいことを言い合う関係、伝えるべきことが伝わっている関係です。親しい友人と一緒にいるときに心からリラックスできたり、仲むつまじい夫婦を見たときに充足感を覚えたりするのは、間に未完了が感じられないことが大きな役割をはたしています。

同様に、人を動かすことができる人は、決して対話を先延ばしにしません。いつでも向かい合って、自分が相手に対して思っていることを伝える準備があります。

チェックリストを使い「未完了」を発見する

一流のアスリートには、日常生活にも気を遣っている人が少なくありません（というよりほとんどだと思います）。たとえば、宮里藍さんが現役の頃「日頃の自分の生活態度というのはすごく大切だ」とインタビューに答えていた記憶があります。これは「未完了」を放置することのデメリットを経験的に理解しているから言えることなのでしょう。

藍さんの言う「日頃の生活」について、コーチングには、「パーソナルファウンデーション」（自己基盤）という考え方があります。これは、日常を

①健康
②人間関係
③お金・仕事
④身の回りの環境

に分類し、それぞれの分野における課題を明確にして自己の基盤をより確かなものにしようとするものです。

パーソナルファウンデーションを充実させるために、コーチ・エィでは次のページから掲載しているようなチェックリストを使用しています。

これを使うことで、そのまま日常の中の「未完了」を発見することができます。このチェックリストを定期的に見直し、また自分なりの項目を加えることで、「未完了」を減らしていくことが可能になります。

健康チェックリスト

当てはまると思う項目にチェックしましょう。

- □ 理想の体重を保っている。
- □ 週2回以上軽い運動をしている。
- □ 間食はほとんどしない。
- □ タバコは吸わない。
- □ お酒を飲むのは週2回以下。
- □ 平均7〜8時間の睡眠時間を取っている。
- □ 食事は毎日3食規則正しく取っている。
- □ 血圧は正常である。
- □ 1年に1度、健康診断を受けている。
- □ 歯は健康だ。
- □ ストレスレベルが高くなるときのサインを知っている。
- □ 1年に1度、目の検査を受けている。
- □ ワーカホリックの傾向はない。
- □ 今抱えている病気やケガを認識しケアしている。
- □ 精神面が健康である。
- □ リラックスする方法を身につけている。
- □ 肩こり、腰痛、しびれなどはない。
- □ 悩みごとはない。
- □ 休日は十分休息が取れている。
- □ 仕事以外に夢中になれるものがある。

人間関係チェックリスト

当てはまると思う項目にチェックしましょう。

☐ この3ヵ月間両親に連絡し、「大事に思っている」ことを伝えた。
☐ 兄弟・姉妹とうまくいっている。
☐ 同僚とうまくいっている。
☐ 上司とうまくいっている。
☐ 異性に対して自然に振る舞うことができる。
☐ 道ばたや駅、パーティーなどでばったり出くわして気まずい人はいない。
☐ 自分にダメージを与えるような人間関係に決着をつけている。
☐ 自分が怒らせた相手に、きちんとコミュニケーションを取っている。
☐ 人のうわさ話はしない。
☐ 自分からコミュニケーションをスタートしている。
☐ ありのままの自分を受け入れてくれる友人や家族がいる。
☐ 自分にしてほしいことをリクエストしている。
☐ どんなことがあってもウソはつかない。
☐ 手紙や電話をもらったらすぐ返している。
☐ 自分を傷つけた人を許している。
☐ 約束は守る。
☐ 誤解があるときはすぐに解消することができる。
☐ 自分の基準をもって生きている。
☐ 不平不満を言うより、提案するようにしている。

お金・仕事チェックリスト

当てはまると思う項目にチェックしましょう。

- □ 少なくとも収入の10%は貯金している。
- □ 公共料金はとどこおりなく支払っている。
- □ 収入は現在、そして将来にわたって安定している。
- □ 経済的に自立しているための生活プランがある。
- □ 最低限6ヵ月分の生活費が貯蓄されている。
- □ 自分の資産(家、車、貴金属など)には保険がかかっている。
- □ 来年度の家計プランが立っている。
- □ 自分が支払っている税金の額を知っている。
- □ 法律的なトラブルを抱えていない。
- □ 借金やローンをきちんと返済している。
- □ 自分の仕事の正当な対価を知っている。
- □ 仕事は計画的に進め、だらだらしていない。
- □ 現在、または近い将来、経済的にも内容的にも充実した仕事に就いている。
- □ 自分がキャリアアップすることに手を貸してくれる人がいる。
- □ 今自分が何をしたいのかはっきりしている。
- □ 仕事の優先順位がついている。
- □ 自分の趣味やリフレッシュのために計画的な投資をしている。
- □ 経済バランスが取れている。
- □ 仕事の能力やスキルは上がっている。
- □ 自己成長やスキルアップのための投資をしている。

身の回りの環境チェックリスト

当てはまると思う項目にチェックしましょう。

- □ 自分で管理している仕事の書類やファイルは整理されている。
- □ 家の中は整理されていてきちんと掃除されている。
- □ 壊れている電化製品はない。
- □ ペン、手帳、名刺入れなどは使いやすいものをそろえている。
- □ 洋服はアイロンがかけられており、自分の趣味に合っている。
- □ 明日着る洋服は前の夜から用意されている。
- □ 部屋の換気や明るさは快適である。
- □ 毎日ふとんを上げている（ベッドを整えている）。
- □ 今住んでいる家は気に入っている。
- □ 職場の環境は生産的である（備品が整っている）。
- □ 今の髪型は気に入っている。
- □ 周囲の騒音や光などの悪影響を受けていない。
- □ リサイクルしている（缶、ビン、ペットボトルの分別など）。
- □ 好きな音楽を聴いたり、絵画を飾ったりしている。
- □ 着なくなった洋服や使っていない家具といった不要なものが家の中にはない。
- □ 待ち合わせの時間には余裕をもって行く。
- □ 住所録は整理されている。
- □ 預金通帳、印鑑、パスポートなど大切な書類は安全な場所にある。
- □ 急病時に行く病院の連絡先やサポートしてくれる人の連絡先は確保している。
- □ 自分の加入している保険の内容を知っている。

PART 5

まとめ

- セルフトークを減らすということには二つの側面がある。一つは生まれてしまったセルフトークAを減らすということ。もう一つは、セルフトークAを発生しないようにすること。
- 生まれてしまったセルフトークAを消すには、セルフトークを認識することが大事。
- セルフトークAを発生させないためには、自分が何にストレスを感じているかを認識する／ルーティンをつくる／アイデンティとは何かを正しく理解する／相手にどんな貢献ができるかを考える／話したいことを明確にする／過剰な期待をしない／相手にはったネガティブなレッテルをはがす／パーソナルファウンデーションを整え未完了を減らす／などが大事です。

PART
6

SELF TALK
MANAGEMENT

セルフトークを「なくす」

——最高の実力を発揮する方法

セルフトークを「なくす」とは

セルフトークを「減らす」とは、生まれてしまったセルフトークAを減らし、また、そもそも生まれないようにすることで、雑念やネガティブな感情から自由になり、集中力を上げるという技術でした。

そうして得た状態をより推し進め、セルフトークが「0」になり、自分が完全に「一人」になった状態（ガルウェイのインナーゲームでいえば、セルフ1がいなくなった状態）に入る——それがセルフトークを**「なくす」**ことの目的です。

セルフトークを「なくす」と、「ゾーン」や「フロー」に入る

セルフトークをなくした状態は、「**ゾーン（zone）**」や「**フロー（flow）**」という言葉として知られています。

「ゾーン」とは、おもにスポーツの世界で使われる言葉で、集中力が極限まで研ぎ澄まされており、思考や感情が意識に上っておらず、身体が自動的に、能力を最大限に発揮して動いているような状態です。「球が止まって見える」など、普段では考えられないレベルのプレーをすることができます。

みなさんの中にも、こういった状態になったことがある、という方は多いのではないかと思います。ゾーンに入るためには、トップレベルのスポーツのスキルが必要なわけではなく、そのスポーツを楽しめる程度に習熟していれば十分だからです。プロの選手はもちろんのこと、週末のテニスサークル、体育の授業のバスケットボールの最中ですら、集中の結果としてたどり着くことがあります。

ただし、意識的にゾーンに入るのは一流のプロであってもなかなかむずかしいこと

のようです。プロ野球の世界には、「高校生の頃はもっとすごかった」という趣旨のコメントをする選手が複数います（特に一流のピッチャーからよく聞かれます）。肉体的には、成人し、プロとしてトレーニングを積んだ後のほうが優れていることは明らかです。にもかかわらず、こうした印象をもつ選手が複数いるのは、高校生の頃のほうがゾーンに入りやすかった（プロになってからセルフトークが増えた）と解釈することができます。

「フロー」とは、ミハイ・チクセントミハイ（Mihaly Csikszentmihalyi）という心理学者が提唱した言葉で、やはり、現在行っていることに全力で対峙し、時間の経過も忘れるほど完全に集中している状態のことです。

フローは、人間が行うどのような行為においても起こり得ますが、画家や小説家、棋士など、創造的な仕事をする人たちに頻繁に訪れるようです。

また、企画書を書くことに集中して、気づけば終電になっていたというようなことや、家事に没頭してあっという間に半日が過ぎていたことなど、日常における行動もフローに該当することがあります。

ゾーンとフローをセルフトークの観点で説明すれば、次のようになるでしょうか。

・スポーツなど身体的な比重が大きい場合には、意識からセルフトークAがなくなることで集中する　→ゾーンに入る

・頭脳的な比重が大きい場合には、意識がセルフトークBで満たされ、セルフトークAがなくなることで集中する　→フローに入る

フローはゾーンを含む概念であり、ゾーンとフローは厳密に区別できるものではありませんが、ここではセルフトークの変化に合わせ、区別して使用しています。**いずれも、雑念となるセルフトークAが完全に消えた状態であることには違いありません。**

ちなみに、東洋的な、より古くからある「無心」「無我の境地」などの言葉も、ゾーンやフローと同じ状態を意味しているはずです。人は、はるか昔から、セルフトークを「なくす」ことを目指してきたわけです。

セルフトークを「なくす」プロセス

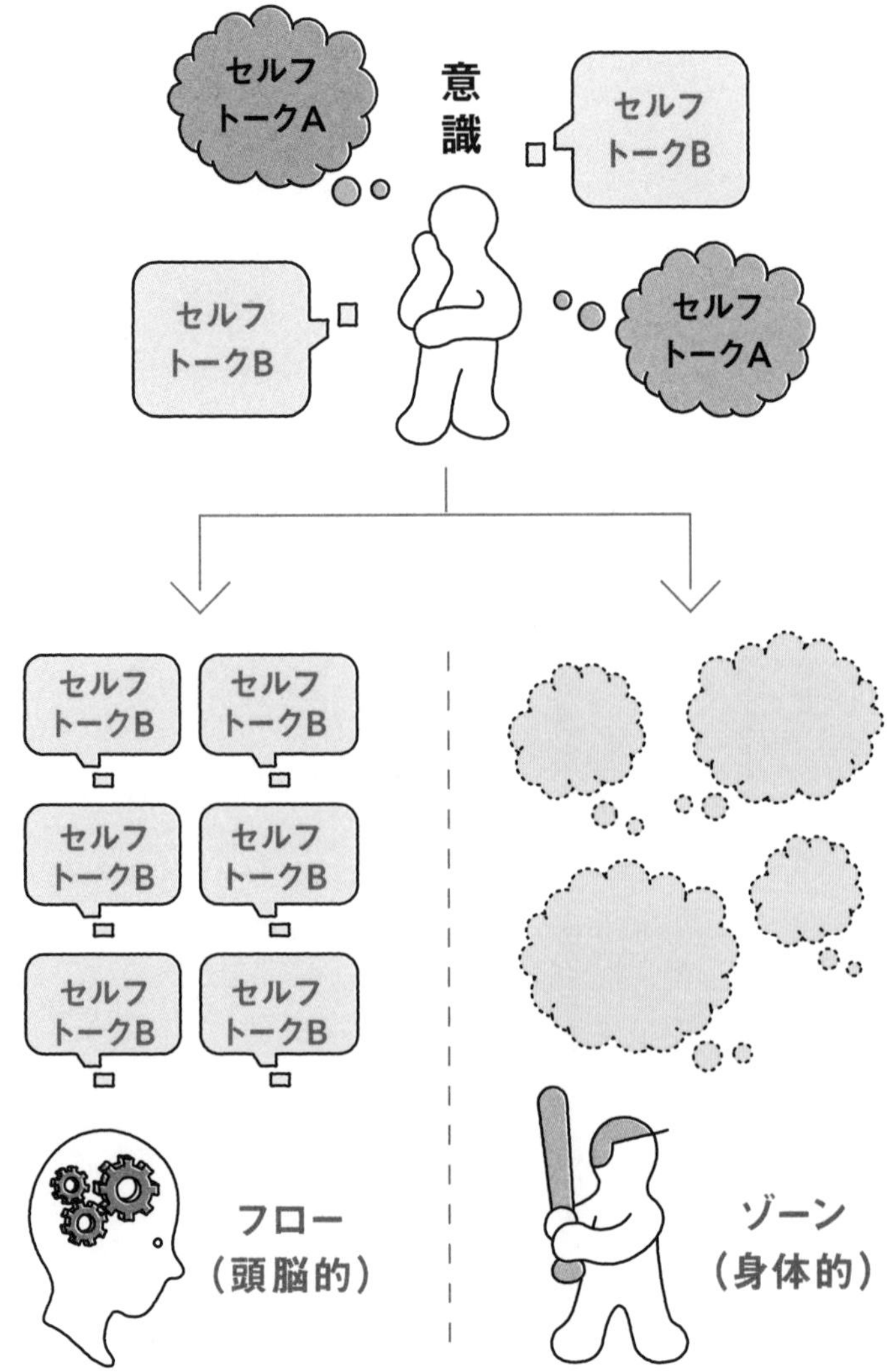

達人の世界
――セルフトークを「なくす」とどうなるか

ゾーンに入っている人、フローのただ中にいる人の姿は、周囲に感動すら与えることがあります。

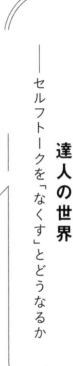

人は常に、「これでいいのか?」「大丈夫なのか?」と迷いながら生きています。しかし、どこかで迷いを断ち切り、心の内側がさざ波一つ立たない湖面のような状態になることを、深いところでは望んでいます。だから実際にそれを体現している人を見たとき、言葉を失い、ただその人のオーラに惹かれます。

私たちがスポーツ観戦を楽しむのは、アスリートの一流の技術や身体的な美しさを見られるから、だけではありません。一心に集中し、セルフトークが完全になくなった人の姿を見たいと願っているからというのもあるのではないでしょうか。ファンが一番怒るのは、選手が手を抜いてプレーすることかもしれません。

また、私たちは映画や小説の登場人物（そしてそれを演じる俳優）に魅力を感じ、ときには「〇〇のようになりたい」と憧れます。この憧れの対象となるのは、あくまでも一般論ですが、セルフトークの揺らぎの少ない登場人物ではないでしょうか。信念があって芯がぶれないように見えたり、真っすぐに純粋に生きているように見えたりする登場人物。

人は、自分の心の揺れを常に意識させられていますから、その「揺れ」が存在していないかのように行動できる人物には激しく心を惹かれるのかもしれません。

セルフトークを「なくす」と周囲にまで影響を与える

セルフトークがなくなるという体験は、その人自身にも非常に心地よい時間として記憶されます。ギャンブルに依存性があるのは、金銭的な魅力やスリルが味わえるからだけではないでしょう。その結果として、セルフトークがない状態に簡単に入れてしまうからというのも大きな理由として存在していると思います。

また、セルフトークがなくなった状態では最大限に能力が発揮されていますから、多くの場合、よい結果ももたらされます。したがって多くの人が、再びその時間を取り戻そうと努力するわけですが、必ずしもうまくいくわけではありません。

特に、スポーツにおけるゾーンは、意識的にはなかなか到達できないもののようです。ゾーンに入っていたときの、いうなれば「成功体験」が比較対象となって、セルフトークAを生み出してしまうからです。

プロ野球でも、「もし打てなかったら」「こんなはずでは……」と、感覚を思い出そうとして逆にフォームを崩していく。ベテラン選手ほど、ひげを伸ばしたり、ネックレスをしたり、護摩をたいて読経したりと、ゾーンに入っていたピーク時に戻るための、さまざまな工夫をしています。

実際にセルフトークを「なくす」ことに関して、一日の長があるのは、やはり武道を修めた人たちです。

たとえば、剣道には最高位として八段があります。八段審査は七段の人のみが受け、なお合格率が一%以下になることもある難関です。このレベルの人になると、竹刀を握った瞬間にゾーンに入る、といったことすらできるようです（竹刀がアンカーになっているのでしょう）。そして、周囲の人をゾーンに入れてしまうことすらある。

知人の息子さんが小さい頃に剣道を習っていたのですが、子供が集まっていますから ワーワーと騒いでしまう。たくましい二段とか三段の人が道場に入ってきても、そのまま騒いでいる。でも、八段の人が来ると、七〇歳以上のおじいさんなのに、入ってきただけで子供たちが次々に口を閉じていく。水を打ったように静かになるといいます。子供たちはその人が八段だということを知らなくても、その人の姿を見ただけで影響されてしまう。

セルフトークをなくすことで、周囲にここまでの影響を与えることができる人が実際にいるわけです。

セルフトークを「なくす」ことで「その時」を生きる

セルフトークがないことが、どうしてここまで人に伝わり、力をもつのか。私にも明確な答えはわかりません。「気」や「オーラ」という回答が必ずしも間違っているとは思いませんが、そういった言葉でまとめてしまうと説明をしていないことになってしまいますので、コーチの視点から考えられることで補足したいと思います。

一つは、彼ら達人は、ノンバーバル（非言語）レベルのコミュニケーションにおいても格段に優れているということです。剣道の達人の姿勢を思い浮かべてみてください。さほど剣道に興味がない人でも、はっきりとしたイメージが浮かぶのではないでしょうか。

訓練された人の姿勢や表情、身体の動きは、人間の感情や潜在意識に直接働きかける力をもちます。ですから、セルフトークがない、心地よいテンションが周囲の人間にも伝わります。

そして、こちらがより重要だと思うのですが、**セルフトークがなくなっている彼らは「その時」を生きています。他の目的、時間のために、「その時」を過ごしていません。**剣道であれば、竹刀に触れている時間そのものを、最上の時間として楽しんでいます。その雰囲気が周囲に伝わるのかもしれません。

私たち一般の人間が、自在にセルフトークを「なくす」ためのポイントは、この点にあると思います。

セルフトークを「なくす」具体的な方法

ゾーンやフローと呼ばれる、セルフトークがない状態に意識的に入るためには、PART5で説明したことを実践し、セルフトークをできる限り減らしておくことが前提になります。

できていないことがあるからといって、ゾーンやフローに入れないわけではありませんし、すべてを実践したから必ず入れるというわけでもありません。しかし、ゾーンやフローに入る「確率」は確実に連動します。

セルフトークを「減らした」うえで、セルフトークを「なくす」ためにできることは多くありません。というよりも、**本質的なことはたった一つ――結果や目的ではなくプロセスを重視すること――だけとなります。**

「結果や目的ではなくプロセスを重視する」ことは、さまざまなレベルで、いろいろなやり方で表現でき、また、実現することができます。

テニスでいえば、たとえば、試合に勝とうとするのではなく、よいスイングをすること、さらには強く振り抜くことを重視するということです。スピーチならば、感動させようと思うのではなく、声を低くし、ゆっくりと話そうとすることです。野球のバッティングであれば、ヒットを打とうとするのではなく、強く打つこと、振り抜こうとすることになります。

イチロー選手は現役の時、打率のことを意識せず、安打数のみを目標にしていたそうですが、これもプロセスを重視する一つの表れです。上下に変動する打率は、プロセスのバロメーターには相応しくありません。たとえば二〇〇という数字に、確実に近づいていく安打数を考えることが、セルフトークをなくす助けとなります。

プロセスに着目する考えは、決して新しいものではありません。「一日一生」「一期一会」――こうした格言が伝えるのは、日常の出来事や出会いを、未来の結果のための手段におとしめないこと、そう考えて間違いないのではないでしょうか。

行動そのものを楽しむ

「結果」という言葉も「プロセス」という言葉も、ジャンルによって、人によってさまざまです。自分には結果であることが他の人にはプロセスであるということも（あるいはその逆も）ありえます。

ポイントは二つ。行動をセルフトークが発生しないレベルにまで還元するということ。**しかし同時に、還元した行動（プロセス）は、そのものを結果や目的とし、楽しめるものでなくてはならないということです。**

「結果や目的ではなくプロセスを重視する」ことは、チクセントミハイによれば、行動を「自己目的的経験」とすることと表現され、その著書『フロー体験　喜びの現象学』（世界思想社）には多数の例が挙げられています。

外科医は「手術がとても楽しいので、私がやる必要のない手術でも引き受けるだろう」と言い、航海者は「ヨットのために多くの時間とお金を費やしていますが、それだけの価値があります――帆走しているときに感じることと比べられるものなどありません」と言います。

儲けるために株の売買をすることは自己目的的な経験とはならないが、将来の動向を予見するために行う売買は、結果として手に入る金額がまったく同じだとしても自己目的的な経験となるともチクセントミハイは述べています。

「自己目的的経験」とは、「自己充足的な活動、つまり将来での利益を期待しない、することそれ自体が報酬をもたらす活動」となります。

「時間を忘れる自分」をつくる

プロセスの重視に次ぐ重要なポイントとして、「時間を忘れる」「時間の流れる速さが変わる」という感覚があります。

これは、ゾーンやフローに入った人がもっとも共通して体験することらしく、ほとんどの人が時間を通常よりも短く感じています。また逆に、実際は数秒間のことなのに、数十秒もの長さに感じることもあります。

野球の試合に熱中していて、気がつくと空が暗くなり始めている。「ついさっきまで二時だったのに……」と思うけれど、逆転のタイムリーを打った、最後の打席でのボールの軌道はスローモーションのように覚えている――こんな感じの体験です。

この時間感覚の変化が、セルフトークをなくし極限まで集中したことの結果なのか、あるいはセルフトークがなくなることの条件なのかはわかりません。

しかし、「時間を忘れる」感覚を先取りすることで、ゾーンやフローに入りやすくなるというのが私自身の実感です。

コーチ・エィが毎週メールマガジンを発行している関係で、しばしばコラムを書かなければならないのですが、夜、オフィスで一人になって執筆をしているとき、気がつくとしばしばフローに入っています。振り返れば、頭ではなく指が言葉を選んだ感覚が残っています。

これは、自分を「書く自分」と「編集する自分」に分けたことで可能になったことだと考えています。

たとえば、あと一時間でコラムを完成させなければならないとします。まず、「書く自分」は、期限や文章の出来にはこだわらず、頭に浮かんだ文章を次々に形にしていきます。そして、「書く自分」が言うべきことをすべて吐き出してしまったら、「編集する自分」がすっと出てきて、残りの時間内に文章を整え、完成させます。

はじめから時間を気にしていた頃は、質的にも満足のいくものがなかなか書けませんでしたし、結果として完成させることができず、翌日に持ち越してしまうことがよくありました。

しかし、「書く自分＝時間を忘れる自分」をつくると、不思議と帳尻が合います。

時間が決まっているコーチングでも講演でも、「今、この関係性」だけに没入しようとするうちにフローに入り、時間のことは頭から消えるのですが、不思議と予定の時間に終えることが多くなります（「時間内に終える」ということも、自己目的経験としているのかと考えることもありますが、真偽のほどはわかりません）。

「好き」なことに没頭する感覚を取り戻す

何度も繰り返しますが、こうしたゾーンやフローは、決して選ばれた人だけが入れるものではありません。これまで、たとえ意図したものでなかったとしても、同種の体験をしたことがある人は少なくないはずです。

最近、そのような経験がないという人は、子供の頃を思い出してください。

初めてグローブを買ってもらったとき、楽しみにしていたテレビゲームを始めるとき、レギュラーになってユニフォームに袖を通したとき、あなたの心にネガティブなセルフトークはあったでしょうか？　バスケットシューズを履くという、究極に細分化されたプロセスすら、心から楽しむことができたはずです。

セルフトークを「なくす」とは、あの時の状態を取り戻すことでもあります。

大人になってからではむずかしい？　そんなことはありません。

あなたが「何か」に集中したいと思っているとき、セルフトークをなくしたいと思っているとき、少なくともあなたは、そうしたいと思うほどに「何か」を好きなはずです。

その「好き」は、具体的には作業のどこにあるのか？　その「好き」を他の作業に拡げることはできないのか？　そう考えることがセルフトークをなくす具体的な方法となるように思います。

かつて打席に立つイチロー選手の姿を見て、想像したことがあります。
彼は今、何のためにあそこにいるのだろうか？
お金のために野球をしているのだろうか？
試合に勝つために練習しているのだろうか？
ヒットを打つために打席に立っているのだろうか？

いずれも正しいでしょう。
しかし究極的には、彼は、バットをボールに当てること、ボールを投げること自体を楽しんでいるように見えて仕方ありませんでした。ありえない想像ですが、彼は、たとえプロ野球がない世界でも、今と同じようにバットを振り、キャッチボールにいそしむのではないかと考えてしまうのです。

PART 6

まとめ

- スポーツなど、身体的比重が大きいアクティビティに従事しているときは、セルフトークAがなくなることでゾーンに入る（ゾーンに入るから、セルフトークAが消える）。
- 知的作業など、頭脳的比重が大きいときは、セルフトークBで意識が満たされて、セルフトークAがなくなりフローに入る（フローに入るから、セルフトークAが消える）。
- セルフトークをなくすに至る手段は、セルフトークが発生しにくいレベルまで行動を還元することと、還元した行動自体を目的として楽しむこと。

PART 7

SELF TALK MANAGEMENT

相手のセルフトーク・マネジメントをコーチする

相手のセルフトーク・マネジメントをコーチするための前提

さて、ここまではいかに自分自身のセルフトークをマネージできるかについて見てきました。

最終章では、いかに「目の前の人がセルフトークをマネージすること」をサポートできるかについて、考えていきます。

あなたが、セルフトークをマネージすることで持てる力をこれまで以上に発揮できたとしたならば、今度はそれを、部下や、後輩や、生徒や、子供たちが同じようにできるようにサポートしたいと思うかもしれません。

もちろん、本書の内容を一から説明し、理解を促し、試してもらうというのもあります。

ですが、**パフォーマンスを発揮することについて悩んでいる人に、対話を通して、セルフトーク・マネジメントの上達を引き起こすことができたら、もはやあなたはとても優秀なコーチ、ということになります。**

試してみたくはないですか？

この章では、いかに、相手のネガティブなセルフトーク（セルフトークA）を、相手との対話によってパフォーマンス向上につながるセルフトーク（セルフトークB）に「変える」ことができるか、についてお伝えしたいと思います。

たとえば、あなたの後輩が、大事なプレゼンとなると緊張してしまうとします。

彼があなたに相談しにきました。

「ここぞという時になると緊張して、うまく話せません。どうしたらいいでしょうか？」

「『セルフトーク・マネジメント入門』というよい本があるから読んでみたらどう

だ？」というわけにもいきませんよね（笑）。

　さて、みなさんならどう対応しますか？

アドバイスでは一時的な効果しか出ない

「誰だって人前で話すときには緊張するよ。俺も昔は結構緊張した。でも場を重ねて、ずいぶん慣れたよ。その内、あんまり緊張もしなくなる。今日は思いっきり、がんばってこいよ！」と後輩にアドバイスを送った先輩がいるとします。このアドバイスからは先輩がいろいろと工夫を重ねようとしているのがわかります。

【お前だけじゃない。みんな緊張するんだから、そう不安に思うな】と、なんとか相手を安心させようとしている。

【たとえ、今日うまくいかなくても、きっとその内うまくなる】と、未来を楽観視させようとする。失敗しても落ち込まないように予防線を張ってあげる。

【失敗を恐れて硬くなるよりも、思いっきり、自由にという気持ちをもったほうが、うまく話せるはずだ】と、相手を少しでも成功しやすい状態にしてあげようとする。

もちろん、こうしたアドバイスが相手のパフォーマンス向上に有効であることもあります。


「そうか、今はこんなにうまく話している先輩でも昔は緊張したのか。だったら、まあ、まだ自分は話すことに慣れていないし、うまくいかなくて当然。とにかく思いっきり自分が考えていることを話すか！」と後輩が考えた結果、開き直ってうまくいく。

そういうこともあるでしょう。


ただ、私がそういうアドバイスを先輩などから受けた経験、あるいは、そういうアドバイスを過去に後輩などにした経験からは、あまり相手のパフォーマンス向上につながる確率の高いアプローチではないように思います。

結局、いくら「その気」になったとしても、話す前や話しているときに、「なんかみんな怖い顔をしてこっちを見てるな……。あれ、やっぱり緊張してきた……。まずい、どうしてこうなるんだろう……」と**パフォーマンスを下げるセルフトークAが生じてしまえば、それに大きく影響を受けるからです。**

無意識のセルフトークAに本人は気づくことができない

また、PART3でお伝えしたように、「もし〜しなかったら……?」（if not?）、「どうしてこんなことに?」（why not?）の質問を、相手はたくさん内側で自分自身に投げかけている可能性があります。

話をする一時間前ぐらいから、「もしうまくいかなかったどうしよう?」「前回緊張してうまくいかなかったけど、またああなったらどうしよう?」「なんでいつもこんな風に緊張するんだろう?」と思ってしまうのです。

そして大抵は、どんなセルフトークAが生じているか、本人は認識することができず、それを自分の中で繰り返し、繰り返し、繰り返し言っていることに気づかない。その結果、無意識の内にその言葉に影響され、パフォーマンスが下がってしまいます。

何度も言いますが、自分のセルフトークAが緊張を引き起こし、増幅させているということに気づいていないのです。

だから、まずは自分の内側のどんなセルフトークが緊張を生じさせているかについて、気づいてもらう必要があります。

気づかないことには、影響を減じさせることができません。

敵はステルスなわけですから、まず見えるようにすることが大切です。

相手がセルフトークAを認識できるようにコーチする

相手に「自分自身の内側のセルフトークA」に気づいてもらうことは大切です。

とはいえ、ただ単に「この前のプレゼンで緊張したと言ってたけど、話をする前はどんなことを自分の中で言ってたの？」と相手に尋ねても、きょとんとされるだけでしょう。

「無意識に」内側で言っていることを、いきなり本人がピックアップできるわけはありません。内側で無意識に言っていることをくみ上げてもらうためには、「その瞬間、その場面」での自分の内側の状態を内省してもらう必要があります。

そして、内省してもらうためには、「その時の身体の状況」に可能な限り戻ってもらわないといけません。「今の心身の状態」では、「その時」、内側で自分が何を言ったかを探り出すことはむずかしいからです。

「その時の状態」が思い出せるように質問する

「その緊張していたときの状態」には、相手と会話をしながら戻していきましょう。ポイントは、その時、周りに見えたものや、外側で聞こえていたものを思い出してもらい、その時の状況を「今ここ」につくり出し、それを再体験してもらうことです。

- それはいつだった？
- 時間は何時ぐらいだった？
- どこにいたの？
- 場所の様子を詳しく教えてくれる？
- 周りには何が見えていた？　どんな風に見えていた？

・何が聞こえていた？　どんな風に聞こえていた？
・その時の身体の感じはどうだった？
・頭のあたりとか、胸のあたり、あるいは手の感じ、それぞれどうだった？

その人が、今ここにいながら、その時の状態に戻れるように、質問を重ねていきます。

基本的には、客観的事実（場所、日時、部屋に置かれているものなど）と、主観的な事実（何が見えたか、聞こえたか、身体の感じなど）を聞いていきます。

矢継ぎ早に聞かずに、一つひとつ相手がその問いの答えを思い出し、確認し、一歩ずつそこに戻っていくのに伴走します。

相手の表情に変化を感じるかもしれません。

最初は何気なく相談を持ちかけてきて話していたのが、その状況に入っていくにしたがって、少し顔がこわばったり、息がちょっと浅くなって肩が上がったり。

それらは、その人が、過去を再体験しているサインとなります。

そして、相手が、その時の状況に少し戻ったら、聞きます。

「その時、内側で、どんなことを自分に言ってたんだろう？」

少しヒントを出してもいいかもしれません。

「こういう時は、往々にして、『if not～とwhy not』の質問を自分にするらしいけど。つまり、『もしこうなったらどうしよう？』とか、『なんでこうなったんだろう？』とか、そういう類の言葉を自分の中で使っていなかった？」

もちろん、それ以外の言葉が引き金になっているかもしれません。

いずれにしても、緊張の元凶となっている、あるいは、それを増幅させている何らかのセルフトークAに相手が気づいて言語化できれば、大きな前進です。

相手がセルフトークを「変える」ようにコーチする

無意識に発しているセルフトークAが見つかったら、次は、そのセルフトークを相手が変えることができるように、相手に問いかけ、対話を進めていきます。

相手のセルフトークを変えるといっても、「あなたはこういうことを言っているんだね。それが緊張の引き金だよ。それをどう別のものに変えられる?」と聞いたところで、相手の中に新しいセルフトークBは生まれないでしょう。

セルフトークBは、「対話による探索の結果として」相手に備わるものであって、SをTに置き換えましょう、というような「直線的な」アプローチによって、相手が獲得できるものではありません。

もっと具体的に言えば、こちらが、相手が無意識に自己に投じていたのとは違う質問を、相手に投げかけ、それに相手が答えようとする。その結果、相手に新しい洞察や発見が生まれると、そこに至らしめてくれた問いを、相手は自分の状態を変えるための有用な問いとして、活用し始めるということです。

これを**「問いの内在化」**といいます。

簡単に言えば、「よい質問をされると、それをいざという時に自分の状態を変えてくれる質問として、記憶したり使うようになったりする」ということです。

どの問いによってそこに至るかは相手によってさまざまではありますが、PART3で伝えた、セルフトークAを変えるための質問の類型は参考になるでしょう。

①肯定・自責の質問
②相手の背景を探る質問
③視点を変える質問

以上の三つの種類の質問のいずれかを、セルフトークBとして使うことによって、緊張などがゆるみ、あるいは適切なレベルにマネージされ、パフォーマンスを上げることが可能になります。

ということは、これら三つの質問を、相手に投げ、答えを探索してもらうことで、相手に気づきや発見が起きれば、これらの質問を、自分の状態を変えるための問いとして相手が使い始めるはずです。

相手の「問いの内在化」を促す質問

具体的には以下のような問いを相手に投げかけてみます。

〈質問1〉肯定・自責の質問（自分次第で状況は変わりうるという見方を内側につくるための質問）

・オーディエンスの顔を一人ひとりゆっくり見ていくとしたら、何が見えるだろうか？

・オーディエンスのどこをしっかり見ると、落ち着くだろう？
・何のために君は話すんだろう？
・誰のために君は話すんだろう？
・どんな影響を与えたいのだろう？
・オーディエンスに一番伝えたいことはなんだろう？

「見られる」ではなく、自分から「見る」ことを意識すると、人は強くなります。「影響される」ではなく、「影響する」。また「結果、評判」よりも、「目的」、つまり「パーパス」に意識を向けると強くなります。

これらの質問を相手にしていきましょう。問いかけられることで自分の状態が変わると感じられれば、相手は実際の場面でもその質問をセルフトークとして使うようになるでしょう。

また、対話の最中に相手を見ていて、相手の状態に変化を感じたら、その問いを、「実際の場面で使ってみたら」と大事なセルフトークとして「携帯する」よう、相手に促してもいいでしょう。

（質問２）相手の背景を探る質問（目の前の人に対する見方を変えるための質問）

・その人たちが、一番聞きたかったことはなんだろう？
・その人たちは、その時どんな状態でそこにいただろう？
・その人たちは、その日の朝何を食べてきただろうか？
・その人たちは、家庭でどんな会話をその日の朝、家族としただろうか？
・その人たちは、どんな人生を日々送っているだろう？
・その人たちが、君と実はひそかに共有したいと思っていたことはなんだろう？
・その人たちが、長年夢見ていることはなんだろう？
・その人たちの長所はなんだろう？
・その人たちのどこが、君は好きだろうか？

（目の前の特定の誰かを想像してもらって、「その人は」、と主語を変えて、質問してもよいと思います）

緊張するときは、往々にして、目の前の人が「虎」や「ライオン」に見えています。

つまり、自分に危害を加える存在として、目の前の人を無意識の内に捉えています。

右記の問いに対して答えを探索するプロセスの中で、**「その人たち」が人間であること、しかもいろいろ悩んだり、悲しんだり、楽しんだりする「普通の人間」であることを思い出すことができます。**

「普通の人間」に見えたらこっちのものです。

右記以外にも、もっともっとたくさんの、オーディエンスに対する視点を変えるための問いかけはあるでしょう。

どの問いかけが相手に一番響くか、相手のパフォーマンスにつながる問いとして機能するかを、一緒に見つけ出していきます。

《質問3》視点を変える質問（相手の中に違う「人」をつくるための質問）

- もし君が、スピーチの名手と言われている人、たとえば孫正義さんだったら、どんな風に話す前の時間を使って、会場に入ったらどんなことに気を配るだろう？
- 君がこの会社の社長だとしたら、どんな風にこのプレゼンに臨むだろう？

・君が、人生を味わいつくした90歳の人だとしたら、壇上に向かって歩くとき、どのようなスタンスで歩みを進めるだろうか？
・君がこの国の大統領だとしたら、どうオーディエンスに語りかけるだろう？
・もし、その晩に死ぬことがわかっていたら、何をオーディエンスに伝えたいだろう？

「もしもこうだとしたら、どうしますか？（what if）」、という質問を使って、相手の状態がその場で変わるかどうかを見ます。

表情がぱっと明るくなったり、問いに答えるときに声に力がこもっていたりしたら、その問いを、セルフトークとして使うことを相手に促します。

対話で相手のセルフトークAをセルフトークBに変える

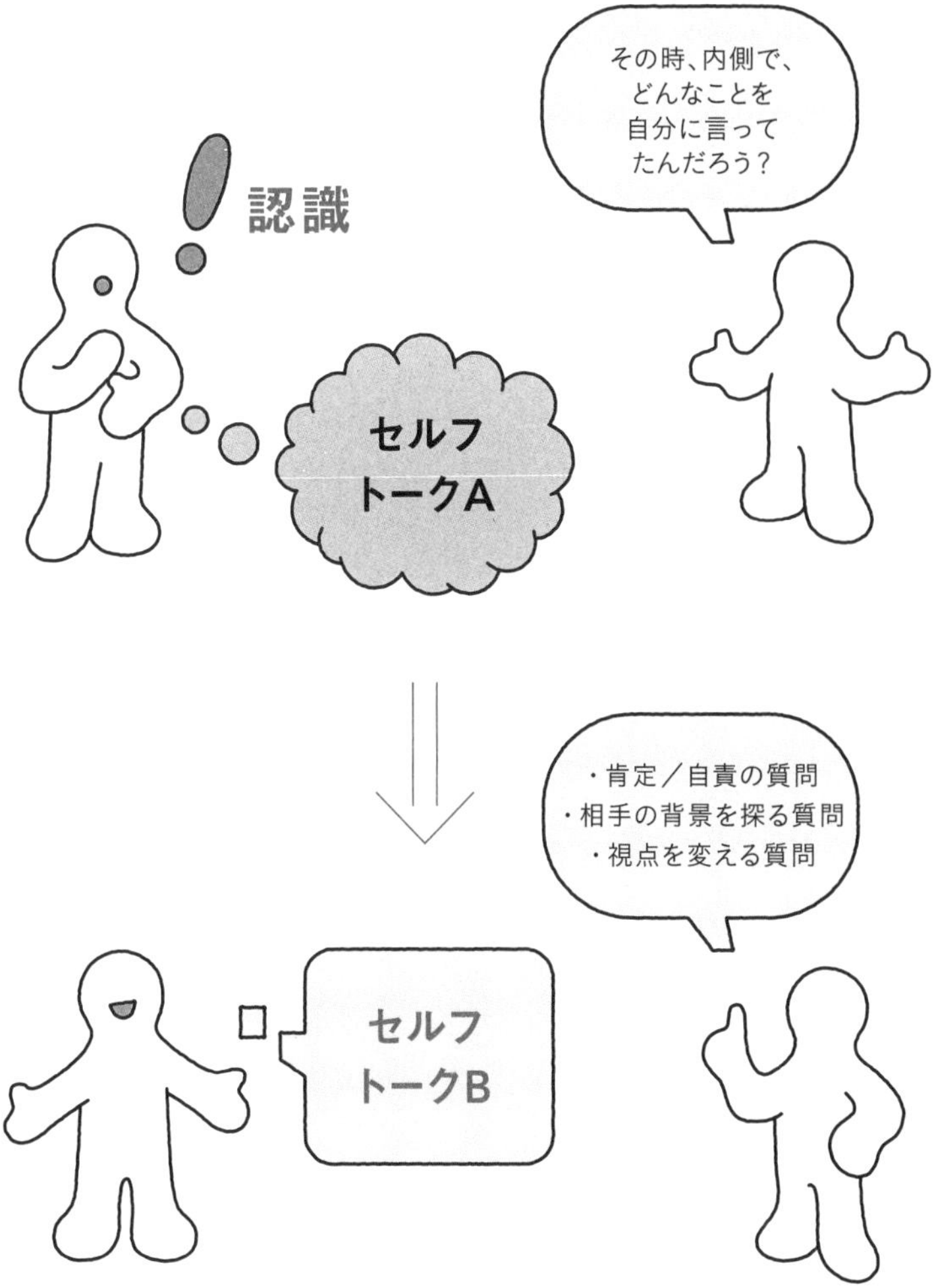

相手がセルフトークを「変える」ときの対話例

それでは、実際にどのような対話になるのか、例を示してみましょう。

「どうも人前で話すときに緊張するんですよね。少しでも緊張が抑えられるといいのですが」

「そうなんだ。最近、緊張したときのこと覚えてる？」

「はい、プロジェクトの進捗をプロジェクトメンバーに発表する機会があったのですが、あの時はなんか緊張しましたね」

「その時の状況をもう少し詳しく教えてくれない？」

「先週の水曜日です。午前中、一一時からのミーティングでした。プロジェクトメンバーは一〇人いるんですけど、それぞれがタスクについてどんな進捗かを順番に話していきました」

「部屋はどこで、みんなどんな風に座ってた?」

「結構広い会議室で、本来なら二〇人ぐらい入る部屋に一〇人が少しずつ間隔を空けて座っていました」

「みんなどんな表情してた?」

「ん〜、全体的にはちょっと疲れている感じでしたかね」

「しーんとしてた感じ?」

「いや、そんなことはないですね。ある程度プロジェクトが始まって時間がたってますし、がやがや話してはいました」

「それで、何番目に話したの?」

「二番目です」

「話す前から緊張していた? それとも話し始めたら緊張した?」

「一人目が発表している間に、なんか緊張してきてしまって」

「そうなんだ。実はね、最近読んだ本に書いてあったんだけど、どうも緊張には
セルフトークっていうのが影響するらしいよ」
「セルフトークですか？」
「そう。人って自分の中でいろいろしゃべってるじゃない。なんだよ〜、とか、
やってらんないな〜、とか」
「ありますよね、そういうの」
「だよね。で、自分で自分に言ったことや、問いかけたことに影響されて、緊張
したりとか、イラついちゃったりとかするらしいんだよ。**そう考えると、一番目
の人が話し始めたとき、どんなことを考えてたんだろう？　言葉にするとどんな
ことを自分の中でしゃべってたんだろう？**」
「『次は自分の番だ』とか。話している彼を見て、『なかなかうまく話すな』とか」
「なるほどね。他には？」
「彼がすごく発表がうまかったので、『俺大丈夫かな？　あいつみたいに話せるか
な？』とか。あと、『せっかくタスクをしっかりやってきたのに、そのことがち
ゃんと伝わるかな？』とか」

「『ちゃんと伝わるかな？』っていうのは、こういうプレゼンの時に、結構自分の中で自分に問いかける？」

「いわれてみればそうですね。『ちゃんと伝わるかな？』はいろいろな場面でたくさん言ってますね」

「『ちゃんと伝わるかな？』ってどういうトーンで自分の内側でつぶやいてるんだろう？」

「なんか、少し途切れがちな声で、心配そうに言っているかもしれませんね」

「そうなんだ。今自分の中で、その声を再現するとどんな感じ？」

「……なんかちょっとやな感じですね。緊張とまでは言いませんが、視界が狭まるというか、ちょっと平常心じゃなくなるというか」

「**それがちょっとした引き金なのかもしれないね**。その『ちゃんと伝わるかな？』というセルフトークを、別のものに変えられるといいらしいんだよね、本によれば」

「確かにそんな感じしますね」

「ところでさ、『ちゃんと伝わるかな？』って言ってるわけだけど、何を一番伝えたかったんだろう？　プロジェクトのメンバーに？」

「ん〜、ちゃんと進んでるから大丈夫、っていうことですかね」

「なるほどね。でもさ、**そもそも、何のためにプロジェクトのミーティングというのはあると思う？**」

「『何のため』ですか……。進捗確認はもちろんありますが、普段ばらばらに作業していることも多いので、一緒にやっているということを思い出すというのもありますよね。エネルギーを高めあうというか」

「そうか、エネルギーを高めあうというのもあるんだね」

「はい。それって結構大事ですね。話していて改めてそれだなと思いました」

「今回は、どんな目的で自分は話したんだと思う？」

「とにかく正確に伝えようというところに意識がいって、エネルギーを高めようとかあんまり思わなかったですね」

「プレゼンするときに、『ちゃんと伝わるかな？』と自分に問う代わりに、『**そもそも何のために話すんだろう？**』**と自分に問いかけたらどうなると思う？**」

「メンバーのやる気を高めるというか、エネルギーを上げようというのを思い出しますね」

「そうすると緊張はどうかな？」

「あー、いつもほどは上がらない感じがしますね」

「じゃあ、その問いかけは使えるかもね」

こんな風にすんなりとはいかないかもしれませんが、相手のセルフトークに働きかける、一つの例として参考にしていただけたらと思います。

相手が人間関係のセルフトークを「変える」ための質問

「人前で話すときに緊張する」ということに関して相談される以外の場面で、どう相手のセルフトークに働きかけることができるか、もう一つ例を一緒に考えたいと思います。

仕事上で人間関係の悩みを相談されることはきっと多いと思います。

たとえば、部下から、後輩の育成に悩んでいると相談を受けたとしましょう。「最近入ったばかりの若手で、どうも仕事に対する情熱を感じません。仕事の覚えも悪く、話しているとついいらついて言葉がきつくなってしまいます。とはいえ、あまり、強く言うと昨今パワハラともいわれかねませんよね。どう後輩を指導していけばいいのでしょうか？」と。

おそらく、その部下の中では、次のようなセルフトークが流れているのではないでしょうか。

「なんで、後輩は言うことを聞かないんだ？」「もしすぐに動かなかったら？」「前についた後輩の時はうまく育成できたのに、なんでこいつとはこうなるんだ？」「もし〜しなかったら……？」(if not?)、「どうしてこんなことに？」(why not?) のオンパレードです。

そんな時に、「最近の若い人には根気強くかかわらないとだめだぞ」とか、「もっと長所を見てあげたらどうだ」などと**アドバイスをしても、やはり、相手が後輩と面と向かったときに起こるセルフトークに負けてしまう可能性が高い。**

「よし、今日は上司の言うように長所を見てみよう」と思っていたとしても、後輩のやる気のない表情を目の当たりにした瞬間に、「どうしていつもこう反応が悪いんだ」「俺のことをばかにしてるんじゃないのか」といったステルス・セルフトークAにやられてしまうのです。

だから、まずは、部下をその時の状況に戻し、内省してもらい、セルフトークに気づいてもらうことから始めましょう。

そして、三つの種類の問いを投げかけながら対話をしていくのです。

《質問1》肯定・自責の質問

・後輩とはどんな関係性を築きたいと君は思っているの？
・どんな社員になってほしいと思っているんだろう？
・何のために君は後輩に仕事を教えているんだろう？
・どんな影響を後輩には与えたいんだろう？
・君のどんな体験をシェアしたいと思っているんだろう？

《質問2》相手の背景を探る質問

・後輩が人生で一番の快挙だと思っていることはなんだろう？

・君と後輩の共通点を三つ挙げるとしたらなんだろう？
・後輩が長年夢見ていて、まだかなっていないことはなんだろう？
・成長してきた過程で後輩が変えたいと思っていることはなんだろう？
・後輩はどんな風に仕事を進めるのが得意なタイプだろう？

質問3 視点を変える質問

・もし後輩が君の子供であれば、どんなアプローチをするだろう？
・もし後輩が君の妹・弟だったらどうだろう？
・もし後輩が、君がなけなしのお金を投資してつくった会社の社員一〇人の内の一人だったら、どんな対応をするだろう？
・もし後輩と一〇年間必ず一緒に仕事をすることが決まっているとしたら、どうするだろう？
・もし君が最高のコーチだとしたら、後輩にどう接するだろう？

先ほどの、人前で緊張する後輩とどう対話をするかの例文を参考に、頭の中で部下とのやりとりをシミュレーションしてみてください。
こうした問いの中の一つでも、部下の中で、新しいセルフトークとして残り、実際の場面で使えるようになったら、部下と後輩の状況は変わるでしょう。

少し大げさに言えば、人が変わるということは、その人が自分自身に対して問いかけることが変わる、つまりセルフトークが変わることだとも言えます。

目の前の人が変わり、パフォーマンスを上げ、周りの人との関係性を変えることに貢献することができたら、こんなに素晴らしいことはないように思います。
ぜひ、周りの方のセルフトークのバージョンアップにトライしてみてください。

まとめ

- 相手のセルフトーク・マネジメントをコーチするには、まず相手をネガティブなセルフトークAが起こった状況に戻し、その時の様子を再体験してもらい、パフォーマンスを下げることにつながっているセルフトークAに気づいてもらう。

- セルフトークAに相手が気づいたら、その次は、肯定・自責の質問／背景を探る質問／視点を変える質問を投げかけ、対話し、相手の中に状況に対する新しい洞察や気づきが起こるのを促す。

- 新しい洞察や気づきを促した問いを、相手は内在化し、実際の場面で使い、パフォーマンスを上げることができる。

エピローグ①

講演のあとで

講演を終えようとするコーチの言葉を聞きながら、佐藤大介は大きな身体を丸め、真剣に講演の内容をノートにまとめていた。隣に座った小柄な女性もうなずきながらメモをとっている。他の数十人の内定者たちも、そのほとんどが熱心にペンを走らせているようだ。

ニュース番組の特集で見たことがあったので、コーチングというスキルがあることは知っていたが、セルフトークという言葉を聞いたのは初めてだった。それでも、**「セルフトークが感情や行動を決定している」と聞いたときは、悩みが一度に晴れたような、直感で納得できた感じがした。**自分の中の何かが変わりそうな、期待と高揚感が少しずつ大きくなってくる。

走り書きなのであとで整理しなければならないが、講演のポイントは漏らさずまとめられたはずだ。

「セルフトーク・マネジメント」のポイント

●セルフトークとは

感情や行動の引き金として、自分の中に生まれる言葉をセルフトークという。セルフトークには、刺激によって自動的に生まれ、「感情」を呼び起こし、「反応」としての行動を導くセルフトークA（automatic）と、自分の意思で生み出して、「理性」を呼び起こし、「対応」としての行動を導くセルフトークB（bear）がある。

セルフトークをマネージすること＝セルフトーク・マネジメントが、セルフコントロールのための最良の方法である。

●セルフトークはなぜ生まれるか

セルフトークAは、刺激からビリーフ（アイデンティティ、価値観、世界観など）を守るために反射的に生まれてしまう。これに対しセルフトークBは、刺激に対応するために自分の意思で生み出すものである。

●セルフトークを「変える」

セルフトークAを、生まれるまま自由にしておくと、自分をコントロールできなくなる。

セルフトークAが生まれたら、肯定・自責の質問（セルフトークB）を生み出して、セルフトークを変化させる。

その他にも、相手の背景を探る質問、視点を変える質問などが、セルフトークBとして有効である。

●セルフトークを「使う」

セルフトークBを意図的に使い、スイッチや逆説療法に利用することで、思考や行動を強化したり修正したりすることができる。

●セルフトークを「減らす」

ネガティブなセルフトークAは、そもそも発生させない努力が重要。肯定・自責のスタンスをとりつつ、次のような注意点を守ること。
・心と身体を整える
・ルーティンをつくる、守る
・アイデンティティを正しく理解する
・自分を守るのではなく、相手のことを考える
・期待しない
・他人にはったレッテルをはがす
・未完了を減らす

●セルフトークを「なくす」

セルフトークを減らすことを突き詰めると、セルフトークがなくなった、「ゾーン」や「フロー」と呼ばれる完全に集中した状態に入ることができる。ポイントは、結果ではなくプロセス自体を楽しみ目的とすること、できる限り時間の縛りから自由になることである。

「何か質問はありますか？」

隣の女性がすぐに手を挙げた。

「今日のお話ではスピーチの例が多かったと思うのですが、**セルフトーク・マネジメントは他にどういうことに使えるのでしょうか？** 自分のことを考えると、セルフトークはいつも生まれているようなのですが……」

「おっしゃるとおり、あなたが何をしていても、その行動にはセルフトークが影響を与えています。しかし逆に言うと、仕事であれ家族との会話であれ、**あなたが何をしていても、セルフトークをマネージすることはプラスに働くと思います。** そういった意味では、セルフトーク・マネジメントは汎用性の高いものであると考えられます」

続けて何人かの手が挙がり、最前列の男性が二人、指名された。

「今日の話はたいへん参考になったのですが、**セルフトーク・マネジメントを練習する方法はあるのでしょうか？」**

「セルフコントロールに悩む人には、セルフトークの存在を知ってもらうだけで、大きな効果を得られる場合があります。セルフトークをどう変えるべきか、といったことをあまり頭で考える必要はないと思います。**セルフトークを常に認識するようにし、自分の行動が『反応』になっていないか、どうすれば『対応』としての行動になるかを考えれば、だんだんとセルフトーク・マネジメントに習熟できるのではないかと考えています。**ただし、セルフトークを認識することについては、日頃から意識し、練習しておいたほうがよいでしょうね」

「そもそもの質問になるのですが、**セルフトークって本当に誰にでもあるんでしょうか？**」

「セルフトークはいろいろな意味をもっていますが、雑念ともいえるセルフトークA、思考といえるセルフトークBがあることは実感してもらえると思います。疑問に思っているのは、セルフトークが感情や行動より上位にあって、それらを本当に決定しているのか、ということですよね？　今までの自分を振り返ると、そういったものは存在せず、いきなり感情に襲われるというのが実感かもしれません。しかし、セルフトークという言葉を知った現在はどうでしょうか？　**今まで感情と一緒になっていた、自分の中で感情を引き起こす〝何か〟を意識できるように少しなったのではないかと思います。**名を付けられることで、認識できるようになるわけです。

著名な哲学者・心理学者であるウィリアム・ジェイムズは『私の世代の最大の発見は、人間は心のもち方を変えることによって、人生をも変えることができるということだ』と述べています。セルフトーク・マネジメントは、『心のもち方を変え『人生を変える』具体的な方法の一つであると思います」

最後の質問に指名されたのは、大介が何度かラグビーの試合で顔を合わせたことのある、W大のラグビーサークルの岡野だった。そういえばあいつはこの会社が第一志望だと言っていたな……。

「具体的な質問で恐縮なのですが、私は女性が苦手なんですね。目が合うとすぐにドキドキしてしまって、男性と話すような冷静な会話ができなくなるんです。しかもこの業界ってきれいな人が多いじゃないですか。仕事に支障がありそうで、何とか今のうちにこの習性を治したいんですが……」

会場中から笑いがこぼれるなか、岡野は顔を赤くしながらも真剣な口調で質問をし終えた。

コーチも、真剣な、それでいて柔らかな口調で答えを返した。

「きれいな女性と話すと緊張する、とても自然なことですよね。大切なのは否定しないことだと思います。むしろそのドキドキを、きれいな人と話している証拠として楽しむようにする。そうすれば、緊張しつつも自分自身をある程度コントロールできるようになるかもしれません。

最後に一つ、補足させてください。今の話にも通じますが、**セルフトークを変えたりして、無理に自分をコントロールしなくてもよい、という状況もありますよね。**たとえば、哀しいときには、それを無理に変えるのではなく、その気持ちを味わってみる。それも一つの選択ではないでしょうか」

質疑応答についてメモをとりながら、大介は頭から離れない二つの面接のことを思い出していた。

今ならば、失敗した面接の時、自分の中でどんなセルフトークが流れていたのかを説明できる。成功した面接では、たまたまフローに入れたのだろう。今日の話を忘れずに、セルフトークを認識することを心がけていれば、セルフトークを変えたり、意図的に使ったりすることもうまくできるようになるはずだ……。

「早く働きたい」——頭に浮かんだセルフトークを捕まえた大介は、自分の中の不安が少なくなっていることに気づいた。

エピローグ②

管理職との面談

その三か月後、佐藤大介は再び内定者研修に呼ばれていた。今日は第一線で活躍する管理職との面談であり、内定者の間では、入社後の配属を決めるための適性検査も兼ねているという噂が流れていた。

会社側からも、特にそれを否定するコメントは出されておらず、営業職として東京本社での勤務を希望する大介にとって、どうやら入社試験以来の、キャリアの大きな分かれ道になりそうだった。

面談には、営業・マーケティング・人事の三部門から一人ずつ部課長が出席し、内定者と三対一で約三〇分にわたって話すという。

「あの面接と同じか……」

会社の会議室で、面談の説明を聞いたときに大介が考えたのは、やはり第一志望の広告会社で失敗した最終面接のことだった。しかし、大きく違うのは、今回はセルフトークの存在を知っているということ。そしてセルフトークを認識する練習を、この三か月間、ほぼ毎日のようにやってきたことだった。

あの講演のあと、まず大介が注意したのが、**言うべきことをきちんと言葉にするようにしたことだった。**

それまで大介は、その場の空気を壊したり相手に嫌われたりすることを怖がって、「言ったほうがいい」と思うことも言葉にしないことが少なくなかった。しかし、講演で聞いた「未完了を減らす」という話が心に残り、少なくとも友達といるときは、少しずつ言葉をつくる努力をしていった。

そして、人づきあいがうまいと憧れていた友人――彼は大手商社への入社が決まっていた――の態度を観察したりするうちに、相手の気分を害するのは、言葉にしたその内容であることはほとんどなく、言葉にしたときの態度や口調が問題なのだと改めて気がついた。

彼とレストランに一緒に行くと、水を運んできたウエートレスをしっかり見ながら、「サンキュー!」と必ず声をかける。大介の基準では失礼じゃないかと心配してしまうのだけれど、言うべきときにお礼を言うこと自体がとても大切なようで、「サンキュー！」がきっかけになってウエートレスと話がはずむことも少なくなかった。

意外だったのは、**気持ちを言葉にしようとする努力が、セルフトークを認識するよい訓練になったことだ。**考えてみれば当然のことで、自分の気持ちから正確な言葉をつくろうとする努力は、セルフトークを正しく認識しようとする努力にほかならない。

また、大介は、人生で初めて日記（のようなもの）を書き始めた。ただし、その日にあったことを書く日記ではなく、**一日の終わりに、その時点で流れているセルフトークを書き残そうとするものだ。**

一日の終わりに流れているセルフトークは、生まれたばかりのものというよりも、日中に生まれたまま残っている、ストレスの元になりそうなものが多かった。それを、きちんとした文章にこだわらずに、浮かぶままを少しずつ書いていくと、文字にしたとたんに気が楽になる。認識することがセルフトークを減らすことなのだと実感するとともに、ブログを毎日書く人の気持ちが少しわかった大介だった。

そんなことを毎日していると、自然と酒を飲む機会が減っていた（少なくとも、前のような量は飲まなくなってしまった）。酔うと日記が書けなくなるだけでなく、セルフトークが生まれ続けているのに、それを消すことができなくなるからだ。酔いながら話をしていても、うまくセルフトークを認識できていないので、心はあまり楽にもならない。酒を飲んで人格が変わる人は、アルコールでセルフトークの発生が抑えられなくなるからではないかと今では思っている。

「こう考えているのもセルフトークだよな……」

と思いつつ、大介は面談の前でもセルフトークをしっかりと認識できていることに満足していた。

自分の前の内定者が呼ばれてしばらくたつと、大介は「よし！」とつぶやいて頭の中で繰り返していた面談のシミュレーションを止めた。

セルフトークの講演を聞いたあと、失敗した面接を振り返ってみて、まず、面接への「入り方」がまずかったことに大介は気づいていた。ぎりぎりまでシミュレーションをしてしまい、ネガティブな、うまくいかないイメージが頭に残った状態のまま、何の区切りもつくらず面接に突入してしまった記憶がある。

一方、成功した今の会社の場合でも、前日まではあれこれシミュレーションはしていたが、当日は「どうとでもなれ」といった感じで、セルフトークが少ない状態で面接に入ることができた気がする。

その経験から、**面接などの前には、五分前に「よし！」とつぶやいて、あとはセルフトークを減らしていくことをルーティンにすると決めていた**（アルバイトの面接はいい練習になった）。

周りを見ると、他の内定者たちはハンカチを握ったり、ペンを回していたり、さまざまな状態で緊張を抑えている。

「みんないろいろなルーティンがあるんだな……」

ぼんやりとそう思っているときに名前を呼ばれ、大介は返事をして席を立った。

ノックを二回、自分の行動を確かめるように、ゆっくりとしたあと、大介はドアを開け、椅子の横に立った。そして、三人の管理職をゆっくりと左から見て、挨拶をし、**「One for all」と心の中でつぶやいてから顔を上げた。**

これは、セルフトークの講演を聞いたあと、自分なりに考えて「スイッチ」にすることにした言葉だった。面接でもプレゼンでも、自分がいて相手がいる。でも、自分（one）のためにと考えると失敗の元になる。自分と相手、全体（all）のためにと考えられるように、ラグビーで親しんだ言葉を選んだのだ。

椅子に座った大介にかけられた第一声は、

「佐藤君、営業希望なんだって？　うれしいな～」

という、営業部の課長の一言だった。まだ三〇代に見えるその人の声は、本当にはずんでいたが、大介を見る視線からは緊張を和らげようとする気配りも感じられた。

「はい。ぜひ営業部で働かせていただきたいと思っています」

「じゃあ、マーケティング部に配属されたらどうするつもりなんだ？」

間をおかず、マーケティング部の部長が声をあげる。三人のうち、この人だけが四〇代のようで、やや顎を上げ、顔を少し横に向けた感じで、大介を見てくる。正直な感想をいえば、偉そうな印象だ。

以前であれば、年上の男性にこんな態度をとられたら、かなりの確率でパニック

になっていた大介だが、今日は自然と、

「この人はなぜこんな質問をするのか？」

「この人はなぜこんな話し方をしているのか？」

というセルフトークBを生み出すことができた。

こうした対応ができるようになったのは、あの面接で失敗した原因は、本当に自分にあったと思えるようになったからだった。セルフトークの講演で気づいたのは、あの時、自分は面接官に「意味もなく威張る人」というレッテルをはり、自分を守ろうとして必死になっていたということだった。

今ならば、なぜあの面接官たちがああいう態度をとったのか、理由が思い浮かぶ。あのように圧迫されたとき、こちらがどのような考え方をし、態度をとるか、その一点を知りたかったのだ。つまり、セルフトークの講演を聞いたあとの、今の自分のような考え方ができている人間を採用したかったのだろう。実際のところ、あの面接官たちにそんな意図はなかったのかもしれないが、少なくともそう考えることが、セルフトーク・マネジメントでは役に立つ。

「マーケティング部に配属されましたら……」

大介はマーケティング部の部長と目を合わせたあと、自分がマーケティング部の一員として何ができるか、そしてそちらと比較したうえで、自分は営業部で仕事をしたほうが会社のためにもなると考える理由をゆっくりと話し出した。当の部長は、一瞬驚いたように目を見開いたが、身体を向けて大介の話を聞き始めた。

「だいぶ話が盛り上がりましたが、今日はこれくらいにしましょう」

初めて人事部の課長が口を開いたとき、時間はすでに三〇分を大きく過ぎていた。

「お忙しいなか、ありがとうございました。失礼します」

伝えるべきことを言葉にできた充実感をもって、大介は会議室をあとにした。

エピローグ③

ラグビーの試合で

管理職との面談を終えた週の日曜日、佐藤大介は大学のそばのグラウンドでラグビーの試合の準備をしていた。あの講演以来、W大の岡野とは頻繁に連絡をとるようになり、そのつながりからサークル同士の練習試合をすることになったからだ。

今日、大介には「試合でゾーンに入る」というテーマがあった。

大学四年生も終盤になった大介には、もう本気でラグビーができる機会は数えるほどしか残されていなかった。社会人のラグビーチームもたくさんあり、全国規模の大会が開かれていることも知っていたが、仕事の忙しさや身体のことを考えると、卒業したらラグビーはできないだろうと予感していた。

にもかかわらず、この一年の大介のプレーはひどいものだった。就職活動と、あの面接での失敗に気をとられ、まったく集中できていなかった。セルフトークの講演を聞いたあと、改めて思い返してみれば、最後にゾーンに入ることができたのは、もう一年以上も前のことになっていた。

あの時は、ちょうど今日のような練習試合の最中で、ノーサイド（試合終了）まで残り五分ほどの時だった。相手チームのスタンドオフがパスをしようとボールをもちかえた瞬間、身体が自然と動き、パスコースへと走り出していた。ボールがやけにゆっくりと、自分へのパスのように移動してくる映像を、今でもはっきりと覚えている。でも、ボールをしっかりとホールドしたとたん、周囲のスピードが急に速くなり、走っている間の記憶はほとんどない。次の記憶は、ポール際にすべりこんでトライした瞬間にわきあがった、嬉しさと高揚感で占められている。

大介はそれなりにラグビーを愛していたし、このスポーツを十分にやったと自分の中で区切りをつけるためにも、ラグビーをやる中で、もう一度あの幸福な瞬間を経験してみたかった。

そのために、この一か月は大学生活でもっともサークルの練習に力を入れてきた。高校の時以来の個人練習や、イメージトレーニングも繰り返した。一方で、授業のレポートなども疎かにせず、自分の中の未完了を減らす努力もしてきた。

「プロセスを重視する」というコーチの言葉を、本当に実感できたのは、パス練習の最中だった。

ウォーミングアップも兼ねたこの練習を真剣にやる人間は、サークルにはほとんどいない。大介もいつもどおり、特に意識せずボールをまわし始めたが、コーチの言葉を思い出していると、**ラグビーのプロセスはパスであるという当たり前のことが、突然、これまでよりも深いところで実感できたような気がした。**すると、隣のメンバーのとりやすい位置にボールを送ること、そのためにボールに回転をうまくかけること、さらにはボールに触れること自体が、無性に楽しく、嬉しくなってきた。

時間そのものが短かったため、ゾーンに入るほどではなかったが、その日の練習は驚くほど集中できた。それ以来、練習の質が少し変わったのは気のせいではないと思っている。

今日の試合でも、いくつかのプロセス――声を出す、相手のバックスの動き――に集中するつもりだ。

試合の開始を告げるホイッスルが鳴り、ボールをもった岡野に向けてチームメイトが走り出したとき、大介はもうゲームの展開しか考えていなかった。

おわりに

私はゴルフが好きで、月に二回ぐらいはゴルフ場に行きます。

旧版を出版した後、それを読んだクライアントの方とゴルフをご一緒することがありました。

ミスショットをして、「おかしいなあ。なんでこうなっちゃうの！」と独り言ちた私に、「『セルフトーク・マネジメントのすすめ』っていうよい本がありますよ。読んだらどうですか？」とクライアントさんが、にやにや笑いながら言ってきました。

「読み込みが足りないですね！」とこちらも笑って返しました。

セルフトーク・マネジメントの旧版を出版して一二年以上がたちますが、未だにゴルフ場ではミスショット続きです。

まだまだ読み込みが足りないようです（笑）。

けれど、人生トータルで見ると、明らかに、いらつきや、不要な気持ちのアップダウンや、焦りや、緊張は減っているように思います。

自分が内側で何を話しているかに気づき、それを効果的な問いに変え、状況に自ら主体的にアプローチする。

手前みそにはなりますが、確実に一二年前よりも、自分自身のパフォーマンスは高まっているように感じます。

夜寝る前にはストレッチをし、朝起きたら瞑想し、ファウンデーションを確認して未完了を減らし、週末にはランニングをして身体を整える。

自分の内側の対話を良好なものにするための習慣も続けています。

「セルフトーク・マネジメント道」二段ぐらいにはなったでしょうか。

あとは、ゴルフだけだなー。

理想の自分をつくる
セルフトーク・マネジメント入門

発行日　2021年1月30日　第1刷

Author	鈴木義幸
Illustrator	若田紗季
Infographics Designer	小林祐司
Book Designer	西垂水敦・松山千尋・市川さつき(krran)
Publication	株式会社ディスカヴァー・トゥエンティワン 〒102-0093　東京都千代田区平河町2-16-1 平河町森タワー11F TEL　03-3237-8321(代表) 03-3237-8345(営業) FAX　03-3237-8323 http://www.d21.co.jp
Publisher	谷口奈緒美
Editor	林拓馬
Publishing Company	蛯原昇　梅本翔太　千葉正幸　原典宏　古矢薫　佐藤昌幸　青木翔平　大竹朝子　小木曽礼丈　小山怜那　川島理　川本寛子　越野志絵良　佐竹祐哉　佐藤淳基　志摩麻衣　竹内大貴　滝口景太郎　直林実咲　野村美空　橋本莉奈　廣内悠理　三角真穂　宮田有利子　渡辺基志　井澤徳子　藤井かおり　藤井多穂子　町田加奈子
Digital Commerce Company	谷口奈緒美　飯田智樹　大山聡子　安永智洋　岡本典子　早水真吾　三輪真也　磯部隆　伊東佑真　王廳　倉田華　榊原僚　佐々木玲奈　佐藤サラ圭　庄司知世　杉田彰子　高橋雛乃　辰巳佳衣　谷中卓　中島俊平　野﨑竜海　野中保奈美　林拓馬　林秀樹　三谷祐一　元木優子　安永姫菜　小石亜季　中澤泰宏　石橋佐知子
Business Solution Company	蛯原昇　志摩晃司　藤田浩芳　野村美紀　南健一　村尾純司
Ebook Group	松原史与志　西川なつか　牧野類　小田孝文　俵敬子
Business Platform Group	大星多聞　小関勝則　堀部直人　小田木もも　斎藤悠人　山中麻吏　福田章平　伊藤香　葛目美枝子　鈴木洋子　畑野衣見
Corporate Design Group	岡村浩明　井筒浩　井上竜之介　奥田千晶　田中亜紀　福永友紀　山田諭志　池田望　石光まゆ子　齋藤朋子　丸山香織　宮崎陽子　青木涼馬　大竹美和　大塚南奈　越智佳奈子　副島杏南　田中真悠　田山礼真　津野主揮　永尾祐人　中西花　西方裕人　羽地夕夏　原田愛穂　平池輝　星明里　松川実夏　松ノ下直輝　八木眸
Proofreader	株式会社鷗来堂
DTP	株式会社RUHIA
Printing	日経印刷株式会社

ISBN978-4-7993-2711-1